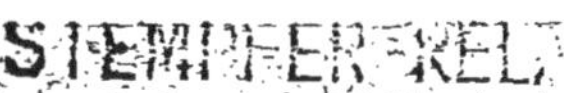

IMPRESSIONS DE VOYAGE

Un mois en Espagne

LA CONFÉRENCE D'ALGÉSIRAS
TANGER

AVEC 30 ILLUSTRATIONS D'APRÈS PHOTOGRAPHIES

PAR

Jean HAIZE

BRUXELLES
J. LEBÈGUE & Cie, LIBRAIRES-ÉDITEURS
46, RUE DE LA MADELEINE, 46

Un mois en Espagne

Bruxelles. — Impr. J. Janssens, rue des Armuriers, 25.

Un mois en Espagne

LA CONFÉRENCE D'ALGÉSIRAS
TANGER

PAR

Jean HAIZE

BRUXELLES

J. LEBÈGUE & Cie, LIBRAIRES-ÉDITEURS

46, RUE DE LA MADELEINE, 46

À LA MEILLEURE DES MÈRES,

Je dédie ces quelques lignes, hâtivement écrites, avec le seul désir que ce petit livre, gage de tendre affection, lui fasse paraître moins longue, pendant ces soirées d'hiver, l'absence d'un fils... déjà reparti.

J. H.

Nancy, le 1er novembre 1906.

BARCELONE. — LE PORT.

UN MOIS EN ESPAGNE

Barcelone, le 27 février 1906.

Au début de mon voyage, la veine et moi faisons route ensemble. Je tâcherai d'être pour elle le plus aimable des compagnons afin qu'elle ne m'abandonne pas trop tôt.

Parti de Paris par le rapide de 9 h. 40 du soir, je suis arrivé le lendemain, à 3 heures de l'après-midi, à Port-Bou (frontière espagnole) dans la même voiture : un joli salon dont on eut l'aimable attention de me laisser seul locataire pendant tout le trajet. J'étais confortablement installé avec table, fauteuils, couchette, joli cabinet de toilette.

Eveillé à Avignon à 8 heures du matin, je pris mon premier déjeuner pendant que le train roulait au milieu du désert de la Crau, dénudé, désolé avec çà et là quelques oliviers maigres, abritant de petits pêchers, plus maigres encore, mais déjà tout en fleurs.

A Tarascon, l'âme de Tartarin semble toujours planer sur la ville. Les habitants parlent une langue sonore, chaude, imagée.

En approchant de Cette, commence le vignoble français du Midi qui se continue jusqu'à la frontière en passant par Narbonne, Carcassonne, Perpignan.

La ligne du chemin de fer longe presque tout le temps la mer. A droite s'étendent à perte de vue de très grands marais. Il semble que le train court dans l'eau.

A Caillatour, les derniers contreforts des Pyrénées viennent mourir dans la Méditerranée. Le train traverse de nombreux tunnels, avec des échappées splendides sur la mer.

La côte est creusée et échancrée en nombreuses criques. Le sol de grès rouge semble lumineux aux rayons du soleil. Il tranche sur la beauté de la mer, d'un bleu éblouissant. Tout cela forme un bien radieux pays, empreint de poésie. Et en apercevant Port-Vendre, je me rappelle un des plus jolis romans de Pierre Loti. Avec son âme chantante, il y a décrit un gentil petit drame d'amour.

Cerbères ! Les gendarmes sont là. Ils défendent

la gare menacée par de terribles grévistes, de jolies transbordeuses d'oranges. Quelques minutes après, nous entrons dans la gare de Port-Bou. Il faut changer de voiture, l'écartement des voies étant plus considérable en Espagne. Je dis un adieu à mon bel appartement et j'entre dans une salle, la *dogana*, misérable et froide. Deux vieux gendarmes bossus, coiffés de gibus en toile cirée, me font pouffer de rire.

Avant de prendre le train de Barcelone, je vais changer 200 francs en or. On me remet 23o pesetas. Le change, depuis quelque temps, s'est beaucoup amélioré. Il y a quelques années, on m'eût remis 33o pesetas. C'était l'époque des voyages économiques en Espagne.

Le train siffle ! En route pour Barcelone.

D'abord la ligne côtoie encore la mer, puis elle s'engage dans la vallée du Terr, assez fertile. Les blés poussent très verts. Les collines qui bordent la plaine à l'horizon sont couvertes de pins vigoureux. Dans le lointain, on aperçoit les cimes neigeuses des Pyrénées et plus loin des Sierras. En somme, pays très riant. On s'arrête à Gerone. Les voitures de première classe sont spacieuses, très hautes, avec de larges couloirs. Elles sont bien suspendues et le roulement en est très doux, vu le peu de rapidité des trains espagnols. Les express ne font pas plus de 40 kilomètres à l'heure et les ordinaires tout au plus 20. C'est désespérant, paraît-il, dans certaines régions où il n'y a pas de rapide.

Dans mon compartiment, un monsieur exhibe au contrôleur un carnet kilométrique, à la première page duquel se trouve un groupe photographié de cinq personnes. C'est toute sa famille et chacun des membres peut se servir du carnet. C'est très pratique et très facile. On achète 10,000 kilomètres pour 600 francs environ. Quand on voyage, on se rend au guichet, l'employé détache le nombre de kilomètres que vous allez parcourir et il vous remet en échange un billet comme à tout autre voyageur. C'est d'une simplicité extraordinaire et on ne comprend pas que cette mesure ne soit adoptée qu'en Espagne, pays si arriéré en général. Le gouvernement aura imaginé ce système pour faire rentrer plus rapidement dans ses caisses l'argent dont il a tant besoin !

En Espagne, l'Etat afferme l'exploitation des chemins de fer à quelques compagnies.

Après Gérone, la nuit descend brusquement avec une dépression sensible de la température.

Au loin, sur les montagnes le soleil se couche dans un ciel voilé d'or et d'azur. Quelques nuages empêchent d'admirer toute la splendeur des rayons mourants par delà les cimes neigeuses. Ils grimpent légers et souples au sommet des pics et les entourent ainsi qu'une couronne. Ils sont d'azur liserés de rose. D'autres se sont amoncelés les uns sur les autres en lignes transversales superposées bleues et roses. D'autres enfin flottent ainsi que de légères banderoles, suspendues on ne sait comment dans l'air, les unes bleues bordées de rouge vif et d'autres roses bordées d'azur. Le spectacle est grandiose. Puis les ténèbres tombent, opaques et lourdes.

Le train entre en gare de Barcelone avec trente minutes de retard. Les *Jefs d'Estacion* d'ici pourraient faire de parfaits fonctionnaires sous les ordres de notre ministre des chemins de fer. Ils recevraient des félicitations pour n'arriver jamais à l'heure.

A tous ceux qui visiteront Barcelone, je recommande l'*Hôtel des Deux Mondes (Ambos Mundos)*. Le propriétaire est réellement un homme charmant. Il est on ne peut plus désolé, si vous ne lui dites pas toutes vos préférences au sujet de la nourriture et du logement. Mon premier repas espagnol m'a laissé une bonne impression.

Quels Gargantuas que ces Espagnols! Dix plats défilèrent sur ma table. Quand j'allai dire bonsoir au propriétaire, il était fort triste. On venait de lui faire rapport qu'après le sixième service je n'avais plus rien pris. Il me croyait réellement malade ou fort mécontent de sa cuisine.

J'arrivais bien à Barcelone, le soir du mardi gras. A l'hôtel on m'avait dit que sur la Rambla (le boulevard à la mode) on allait cette nuit même enterrer M. Carnaval. Et me voilà bientôt au milieu « des mascarades ». La foule est clair-semée. Il est 9 h. 1/2. Probablement que tout le monde est éreinté, essoufflé et que chacun s'en est rentré ici comme à Paris ou à Bruxelles. Mais à chaque tournant de rue, je vois arriver des groupes de familles. A 10 heures, le monde s'amène. A 11 heures, impossible de circuler. Et j'apprends que tous les jours il en est de même. On dîne à 9 heures et les cafés s'emplissent vers les 10 heures. On se couche tard, longtemps après minuit, pour se lever tard aussi, vers le milieu de la matinée.

La fête du jour n'est pas bien amusante. Quelques groupes grotesques, affreux à voir, déambulent. Pas la plus petite note de musique.

De temps en temps, un cercueil porté par des pierrots et des pierrettes, à la figure couleur de mort, passe avec, à l'intérieur, M. Carnaval dont on n'aperçoit que la tête tombante, hideuse. C'est macabre.

J'arrive, porté par la foule, en face du théâtre d'opéra (le Licéo). Il y a grand bal masqué. Le monde arrive. Ce serait bien amusant d'y aller jeter un coup d'œil! Je me décide rapidement et me voilà bientôt dans une salle immense, toute décorée de fleurs naturelles. C'est charmant, et un parfum pénétrant vous enivre. Peu de jolis travestis. Pas d'intrigues. On danse aux accords d'un excellent orchestre. Une belle sénorita, aux yeux flamboyants, me regarde « et nous voilà entraînés dans le rythme de la valse lente » que l'on joue partout et qui a tant de charme. Je fais un compliment à ma jolie valseuse, mais peine perdue. On ne se comprend pas. Nous baragouinons un jargon de nègre. Nous nous séparons avec force révérences.

Le bal est fort correct. Les familles de la grande bourgeoisie y viennent nombreuses, avec jeunes gens et jeunes filles. Beaucoup de toilettes blanches. Un nœud ou une fleur d'un rouge vif dans les cheveux noirs, très abondants. Les jeunes danseuses sont grandes, jolies, un peu fortes cependant. Nos mamans paraîtraient sveltes à côté des belles et énormes matrones d'ici. Presque pas de bijoux. Beaucoup de fleurs dans les cheveux ou au corsage. Comme gaieté et entrain, cela ne vaut certes pas un « bal de l'opéra ». Mais il y a beaucoup de charme dans cette société qui n'est pas collet monté, comme dans nos petites villes de province. On s'amuse franchement, sans bruit, tout naturellement.

J'ai beaucoup admiré deux ravissants papillons aux ailes frangées d'or, l'un rose, l'autre bleu. Ils avaient la plus jolie figure de jeune fille que l'on puisse rêver. Des torsades de cheveux d'ébène encadraient les jolis visages, un peu pâles, dévorés par de grands yeux noirs, profonds, étincelants, fascinants.

J'en rêvais encore, en rentrant à l'hôtel, quand mon attention fut attirée par un manège assez singulier. Des retardataires s'étaient arrêtés au milieu de la rue et frappaient dans leurs mains. Aussitôt de l'encoignure d'une porte sortit un petit homme à béret rouge, porteur d'une longue lance, la taille entourée d'une rangée de clefs énormes, tenant en main une lanterne sourde. C'est le gardien de la rue qui est chargé d'ouvrir

BARCELONE. — STATUE DU GÉNÉRAL PRIM

toutes les portes des grandes maisons de rapport, dans lesquelles logent de nombreux locataires.

Ce petit homme est parfois terrible aux amoureux et aux maris en goguette qui se trompent de logis. Il faut montrer patte blanche pour qu'il vous ouvre.

Barcelone, le 28 février 1906.

Je me suis levé à 8 heures. Mon guide, que j'attends depuis une heure, arrive enfin vers les 10 heures. Nous voilà trottinant par la ville. Il fait délicieux. J'ai quitté hier la neige et les frimas et j'arrive ici en plein printemps. Beaucoup de magasins ouvrent seulement. Les rues sont encore désertes.

Barcelone est une ville de 600,000 habitants, avec ses faubourgs. Le port est grand, plus vaste que celui de Marseille, mais moins animé. Une jolie promenade, bordée de palmiers, longe les bassins. La statue colossale de Christophe Colomb domine la rade. La ville est bâtie dans une situation merveilleuse. Une série de collines l'entourent en demi-cercle et la protègent contre les vents froids du nord. Deux montagnes forment les contreforts de cette muraille naturelle et s'adossent à la mer. Le Montjuich et en face le Montserrat. Au centre, en arrière, le Tébidabo que l'on gravit en funiculaire et d'où l'on a une vue splendide. Un vaste boulevard, à quatre rangées de platanes, coupe la ville en deux. C'est la Rambla, avec au bout le Paséo de Gracia, qui est la promenade favorite des citadins. Là, se trouvent les théâtres et les grands cafés. Ceux-ci sont fort spacieux et malgré cela, le soir, ils sont encore trop petits : la plupart des familles bourgeoises vont y prendre leur tasse de café, la boisson favorite des Espagnols. Un garçon vous apporte une petite tasse avec six grands morceaux de sucre. Un autre arrive avec un verre et une carafe d'eau. Enfin un troisième vient verser la boisson bouillante. Vous retirez quelques morceaux de sucre de la tasse et vous les mettez dans le verre. On remplit la tasse, de café, et on en met deux doigts dans le verre; puis vous le remplissez d'eau. Cela vous fait un breuvage plus clair que la plus pâle de nos bières. Dans certains établissements, il y a de la musique. On y fume avec rage. Bientôt la fumée y est tellement intense qu'on ne voit plus rien à dix mètres. Le *Novededad* est une immense salle, décorée blanc et or, qui n'a sa pareille ni à Paris, ni à Bruxelles.

Vers midi et le soir, l'animation est grande dans les rues de Barcelone. C'est une ville dont le commerce se développe beaucoup. Partout de beaux magasins et de jolis étalages. Les rues sont sillonnées de tramways électriques qui vont lentement en grinçant très fort ; ils appartiennent à une société belge.

Des constructions nouvelles, aux étages nombreux, aux façades blanches polychromées d'arabesques aux couleurs tendres, ont remplacé presque partout les vieux quartiers. Des balcons courent à tous les étages ; à beaucoup d'entre eux flotte un morceau de papier blanc, grand comme un mouchoir de poche. Cela m'intrigue. Mon guide m'apprend qu'il y a là quartier à louer. Si le morceau de papier se trouve au centre du balcon, c'est que l'appartement est meublé. C'est fort pratique.

Un seul monument est intéressant à visiter. La cathédrale, de style gothique espagnol, date du xıv^e siècle. L'extérieur ne dit rien. A l'intérieur, il fait tellement sombre qu'on y distingue peu de chose. J'y ai vu officier l'archevêque-cardinal de Barcelone. Il était venu oindre d'un peu de terre

le front de quelques centaines de prêtres, religieux et moines. C'est aujourd'hui mercredi des
Cendres.

Les magasins qui se sont ouverts pendant deux
heures, ferment à midi. De même les bureaux et
les banques. En Espagne, on profite de la moindre
occasion pour s'en aller flâner dehors.

Sur la Rambla passent de magnifiques équipages, des autos, une foule bariolée dans laquelle
on remarque beaucoup de costumes catalans,
large ceinture rouge (*faya*), longue *capa* descendant jusqu'aux genoux, doublée d'étoffe voyante
dont on fait admirer la couleur éclatante en en
rejetant le côté gauche sur l'épaule. Au demeurant, foule semblable aux nôtres. Mêmes costumes : messieurs élégants en jaquette noire et
gants clairs ; ouvrières endimanchées avec mantille de dentelles noires sur les cheveux ; jeunes
filles mondaines en robe princesse. Toute cette
foule s'achemine vers le même point, du côté de
Gracia, le faubourg qui escalade la montagne.
Les *poveros* y vont respirer l'air frais et vont se
reposer dans les *espadas* en buvant un *vino ver-
mouth*. Les riches y ont bâti de nombreuses et
jolies villas. Je parcours en voiture ces routes qui
grimpent le long du Té Bidabo. Rien n'est pavé

ni macadamisé. Le sol est à peine égalisé. Quand il pleut, cela forme cloaque. C'est égal, il faut bien se tenir pour ne pas être projeté dehors son sapin.

Ici, les Espagnols ont fait preuve de leur goût baroque. Jamais je n'ai vu un ensemble de constructions aussi disparates. Elles sont de tous les styles, de toutes les époques, de tous les pays. Et tout cela est souvent amalgamé ensemble. Des verrières, des balcons se trouvent sur les toits. Les escaliers montent à l'étage, en dehors de l'immeuble. Les façades sont de toutes couleurs, depuis l'or le plus vif jusqu'au brun le plus sale. Il y a des villas qui ont l'air de prison, ou d'arsenal, ou de caserne, ou simplement d'un gros tas de briques.

D'autres ne forment qu'une tour carrée, toutes les places y étant superposées. On y voit des pignons italiens, des pignons de Bruges, des castels du moyen âge, des châteaux forts! Que diriez-vous d'une façade en forme de dossier de fauteuil Louis XV et d'une autre formant la proue d'une galère espagnole du temps de Colomb avec, à la pointe, la statue du Sauveur chrétien? J'ai vu tout cela et encore bien d'autres bizarreries dont je ne me souviens plus. De jolis murs de jardin, avec dans chaque panneau, une scène du

Chemin de la Croix. Des dessus de porte d'entrée avec de grands christs, hauteur d'homme, ou avec des madones couchées ou debout, dans toutes les positions de l'extase. Au-dessus des corniches, des galeries de statues religieuses. Dans les encoignures de nombreux saints, tranquilles dans leur niche.

Je suis redescendu de Gracia par des chemins plus abominables encore. Le long des routes, des tas d'enfants et de mendiants. Par toute l'Espagne je rencontrerai, paraît-il, des légions entières de malheureux : boiteux, goîtreux, culs-de-jatte. Toute la Cour des Miracles ! Ce qui est infirme est jeté à la voirie, pour que quelques sous puissent rentrer le soir au logis. C'est un bonheur pour la maison, quand elle abrite quelques perclus ou aveugles. Les valides n'ont pas besoin de travailler et ils s'en vont bâiller aux corneilles dehors et se griser de soleil. L'Espagnol n'aime pas le travail : à Barcelone, passe encore. Mais plus on va vers le sud, plus on adore la flânerie et les longs repos sous les rayons d'or de l'astre du jour.

Et puis la vie est si chère et on gagne si peu ! Il est bien préférable de vivre sobrement et de ne pas se fatiguer inutilement.

Pendant que le reste de l'Espagne reste figé dans sa torpeur, la Catalogne, proche de la France et de l'Italie, a senti passer sur elle comme un souffle nouveau.

Le port de Barcelone reçoit nombre de négociants étrangers et petit à petit, l'idée moderne a pris racine dans la bourgeoisie et dans le peuple. Des fabriques se sont installées dans la banlieue, des écoles se sont ouvertes, et comme tout peuple qui se réveille de sa léthargie va ordinairement à l'extrême, les Catalans se sont déclarés républicains, socialistes, anarchistes. Et cela surtout dans un esprit d'animosité contre le gouvernement de Madrid, par une sorte de mouvement réflexe qui se fait d'ailleurs remarquer partout où il y a antagonisme. Il suffit, même chez nous, que deux personnes discutent un peu vivement pour qu'elles expriment souvent des idées plus avancées ou plus réactionnaires que celles qu'elles pensent d'habitude.

Au demeurant, ces fougueux démocrates sont catholiques et sont les plus braves gens du monde. Au fond, ils ne demandent qu'une chose : un peu de liberté. Le gouvernement les pressure et les écrase de tout son mépris. C'est l'esprit des siècles passés qui résiste à l'assaut des idées de progrès.

MADRID. — COURSE DE TAUREAUX.

Ce n'est pas voulu peut-être, c'est instinctif.
Tous les fonctionnaires des administrations religieuses, civiles, militaires viennent de Madrid.
Même les agents de police sont envoyés de la capitale. Ils ne connaissent pas encore les rues de la ville que déjà le gouvernement est par terre.
Tout le monde rentre à Madrid, depuis le simple poseur d'affiches jusqu'au gouverneur; tous les fonctionnaires sont remplacés par des créatures du nouveau gouvernement. Les frais de déplacement sont portés en compte à la province. Celle-ci doit d'ailleurs payer contribution à Madrid et en échange... doit héberger tous les employés qu'on lui envoie et qui ne connaissent même pas la langue du pays.

La ville de Barcelone a dû payer elle-même tous les travaux du port, et quand à force de sacrifices elle se crut enfin libérée de frais aussi considérables, le gouvernement l'imposa de deux millions de pesetas par an, sous le prétexte que son commerce se développait et qu'elle n'avait plus de grands travaux à exécuter. Aussi les contribuables sont-ils pressurés! L'octroi les étouffe. Les denrées alimentaires sont à des prix inabordables. Le café vaut 6 francs le kilo ; le chocolat, 6 francs le kilo ; les pommes de terre, 12 francs les 100 kilos; le pain, très mauvais, fr. o.40 le kilo; le sucre, fr. 1.20 le kilo; le pétrole, fr. o.8o le litre; la viande de chèvre, 2.00 francs le kilo.

L'ouvrier qui veut travailler et vivre, ne peut pas. A la moindre effervescence, l'autorité civile fait place à l'autorité militaire et la répression est dure. L'autorité religieuse épie chacun et soutient le gouvernement. Le patronat a encore des idées de pouvoir d'un autre âge. J'ai vu aux portes de Barcelone quelques filatures, très grands établissements, que les patrons, très riches, ont fermées depuis deux ans parce que leurs ouvriers avaient fait grève. Ce sont des grands d'Espagne qui sont les plus influents actionnaires et ils sont conseillés par le pouvoir central.

On essaye par tous les moyens d'étouffer les germes d'idées modernes qui éclosent sur la terre catalane. Et alors, il n'est pas surprenant que quelques cerveaux exaltés, peut-être conseillés par des réfugiés russes ou italiens, se sont jetés dans l'anarchie et ont lancé des bombes. Jamais, les véritables auteurs de ces abominables forfaits n'ont été arrêtés. Le peuple les connaît, mais ne les dénonce pas aux policiers de Madrid. On dit aussi que ce sont des agents provocateurs qui de temps en temps font partir ces terribles engins. L'autorité militaire en profite pour enfermer dans la citadelle de Montjuich, sans autre forme de procès, les quelques dizaines de socialistes les plus bruyants. Il est vrai qu'on a beaucoup exagéré dans les journaux l'horreur de ces répressions. Tout le monde m'a assuré ici que les tortures n'ont jamais existé, que dans l'imagination trop fertile de journalistes.

Quand on regarde ces deux montagnes, le Montserrat avec son couvent séculaire et le Montjuich avec sa formidable forteresse, on songe qu'elles personnifient bien le pouvoir espagnol. Elles sont là en face de la France et de l'Italie qu'elles semblent défier. Elles sont les sentinelles vigilantes, placées là pour arrêter la nouvelle invasion des barbares dont les idées rédemptrices veulent régénérer l'Espagne. Et ces deux forces, la religion et l'armée, ne voulant rien abandonner de leurs privilèges, n'hésiteront pas à noyer dans le sang les hérésies nouvelles.

Saragosse, le 1er mars 1906.

J'ai dit adieu ce matin à la jolie ville de Barcelone avec un léger serrement de cœur. M. Vicente Sauri, mon charmant hôtelier (que son nom passe à la postérité), a voulu m'accompagner à la gare et il me fait un sombre tableau des hôtels de Castille et d'Andalousie. Mais bah ! Pourvu que je m'abreuve de soleil, cela me suffit. Et puis en voyage il faut être philosophe. Quand forcément je dois me restaurer et coucher dans un hôtel de second ordre, je demande du pain, des œufs, de l'eau et je m'endors dans un fauteuil. Je connais de mes amis qui ne s'en contenteraient pas et qui gâteraient toute la quiétude d'un beau voyage par des exigences excessives. Les Français, en général, ont ce défaut. Quand ils visitent un pays, ils critiquent tout; ils oublient la fable de leur grand La Fontaine : *La Paille et la Poutre.*

Les gares en Espagne sont généralement désertes. Il y a très peu de trains en partance et encore moins de voyageurs. Il est 10 heures. Dans le seul train de la journée pour Saragosse sur la ligne de Madrid, nous ne serons pas plus d'une dizaine de personnes. Des parents sont venus nombreux pour dire au revoir à ceux qui s'en vont. Ce sont des effusions à n'en plus finir. On dirait qu'on se quitte pour des années!

La ligne s'engage dans une plaine bien cultivée. Le chanvre pousse dru et mesure déjà o^m,5o. Partout des arbres fruitiers, jetés dans tous les champs, un peu à la diable, sans ordre.

J'examine mon compartiment; il ressemble à une voiture de première classe du Nord-Belge. Voiture ordinaire sans couloir. Drap blond mastic. Les chefs de gare ont la même casquette, avec galon blanc, que ceux que l'on rencontre entre Liége et Erquelinnes.

Le train s'arrête à toutes les gares pendant dix minutes. Au premier arrêt, les bâtiments de la *estacion* sont entourés d'un magnifique jardin tout rempli d'orangers portant une parure de fruits splendides.

Il me revient des idées de rapine, de celles de ma prime jeunesse, au temps où j'allais marauder les pommes de M. le curé.

La voie court maintenant le long de la mer, sur la plage même. A 5o mètres, à droite, une série de collines borne la vue. Mais voilà que nous montons vers l'intérieur du pays et bientôt la mer n'est plus qu'une mince ligne bleue, là-bas dans le lointain. Elle s'étire de plus en plus... et puis disparaît. Le paysage a changé brusquement et s'élargit vaste, en un immense panorama. Nous longeons des collines à flanc de coteau et nous entrons comme dans une cuve de dimension énorme. La terre que nous traversons est blanche et dorée. Elle est creusée, ravinée jusqu'à cinquante mètres dans le bas. Là, elle devient d'un rouge sang, s'abaisse encore, puis brusquement tombe à pic et forme les rives d'un torrent qui s'en va, sinueux, à l'aventure. Il est plaqué de grosses pierres blanches, que l'eau peu profonde paraît n'enjamber qu'avec effort. Sur les hauteurs, des rochers blancs, tels que des retables d'albâtre bien ajourés, semblent border d'une élégante dentelle ce tableau ravissant.

De-ci, de-là, une touffe d'aloès ou de cactus est piquée sur la pente des coteaux. Au pied de la jolie muraille blanche, là-haut, court une ligne de pins verts. Dans le bas, près de la fraîcheur de l'eau, des pêchers et des abricotiers en fleurs jettent une note reposante dans cette vallée de farouche grandeur.

Le soleil grésille et sème ses rayons les plus ardents sur cette terre qui semble vivre, tant les différentes couleurs s'harmonisent, s'entremêlent, se fondent. Le ciel est d'un bleu très pur, très brillant et lui-même ne semble faire qu'un avec ces rochers qui flamboient.

Dans le fond de la vallée, quelques habitations semblables à des cubes blancs éblouissants, entourés d'orangers verts sur lesquels on perçoit, au loin, des fruits d'or, donnent seules l'idée d'existence humaine.

Je rêve, mon âme chante, je suis heureux !

J'ai vécu là une des plus belles heures de ma vie ! Mais, la belle vision déjà s'évanouit... ! On entre en gare de Farsa Marset. Des vignes s'étendent à perte de vue sur les côtes ensoleillées. Elles donnent un excellent cru : le Bénicarlo. Nous nous arrêtons, un peu plus tard, à Reus pour déjeuner. Mauvais buffet. Quelques kilomètres plus loin, nous traversons l'Èbre qui s'en va vers la Méditerranée jeter ses eaux bourbeuses, près de Tortosa. C'est un bien sale fleuve ; ses eaux charrient les terres de ses rives qui se coupent, se ravinent, tombent et s'élargissent toujours.

Une plaine montagneuse s'étend peu après lointaine, profonde, rougeâtre, stérile et dénudée. De temps à autre, des buissons de maigre citise. Parfois, l'une des rives du fleuve monte droite à 5o pieds de hauteur et là-haut, s'entassent des constructions bizarres plaquées d'argile brune et que l'on ne distingue pour ainsi dire pas de la muraille de terre qui tombe à pic dans l'Èbre. Cela me rappelle les paysages tunisiens, notamment le long de la Méjerdja.

Nous montons insensiblement dans la Sierra. Le pays est caillouteux, ondulé, triste. On n'aperçoit ni une route, ni un village, ni une masure. Et il en est ainsi pendant des heures et des heures. On se croirait à mille lieues de l'Europe. Et le crépuscule qui tombe, ajoute encore à la mélancolie de cette plaine de granit.

On arrive à Saragosse à 9 1/2 heures du soir.

L'entrée de la ville est impressionnante. On passe sur des ponts-levis, sous des portes moyenageuses, où la maréchaussée vous arrête. On se croirait encore au xve siècle, dans une ville fortifiée... Mais, ce ne sont que des gabelous d'octroi !

MADRID. — COURSE DE TAUREAUX.

Les pavés sont abominables. Ils sont les mêmes depuis des siècles. Ils vous font sauter de votre voiture comme une carpe hors de l'eau. Certaines de nos chaussées, si décriées par nos automobilistes, sont du velours à côté des pavés d'ici. Des gens enveloppés de capes sombres se promènent sous de vieilles arcades et regardent curieusement cet étranger qui leur arrive dans la nuit. Ne serait-il pas un espion ?

L'Hôtel de l'Europe, en plein centre, est bon. L'on me sert un repas kilométrique.

Je fais connaissance avec mon guide. Je l'invite à prendre un café au *Gambrinus*, local enfumé, où tous les bourgeois de Saragosse se réunissent chaque soir, vers les 10 heures, pendant que leurs familles déambulent dans les rues. Mon guide s'appelle Forkestan, et ce nom mérite d'être tiré de l'oubli. C'est un Arabe d'Egypte, un fellah, un lettré qui a fait de très bonnes études. Il reçut plusieurs bourses du khédive pour voyager à l'étranger. Il connaît à merveille les différents idiomes arabes et turcs. Il parle dans la perfection le français, l'anglais, l'espagnol, l'allemand, l'italien. C'est un nomade du bassin de la Méditerranée. Il a habité Gibraltar, Tanger, Tunis, Palerme, Malte, Trieste. Il a fait plusieurs fois le voyage

de Fez avec El Mokri, actuellement représentant
du Maroc à la Conférence d'Algésiras. Il l'a accompagné dans son fameux voyage à Paris, pendant
lequel le représentant du Sultan fut en relations
constantes avec l'Allemagne. Il m'assure que El
Mokri s'est « moqué » du gouvernement français
en se rendant, à son insu, jusque Berlin !!

Forkestan a organisé au Maroc bien des cara-
vanes de chasse pour le comte d'Oultremont,
pour le milliardaire Jay Gould, etc...

Pendant plusieurs années, il a accompagné le
Suédois Nobel dans des voyages d'exploration en
Perse et aux Indes. Ils ont rapporté de ces pays
des manuscrits fameux qui ont jeté un jour nouveau sur l'histoire des langues indoue, persane,
arabe et ont démontré leur origine commune. J'ai
lu les certificats élogieux de ce grand savant, de
cet homme de cœur, pour ce modeste compagnon
qui comprenait les nombreux dialectes des pays au
delà de la Syrie. Il lui fit don de livres rares, de
manuscrits en langue boufic, vieil idiome disparu
des langues orientales. Actuellement, me dit Forkestan, je me suis retiré à Saragosse où les étrangers ne viennent pas, pour traduire tous ces vieux
documents.

Il a toujours vécu ainsi à sa façon, seul, isolé.

Je lui dis mon étonnement. Il fait un grand geste et ses yeux rêveurs regardent l'espace. Que sait-on, dit-il, les femmes et le soleil ont toujours empli mon âme !

Il me parle maintenant de sa race. Il aime l'Espagne parce que dans ce pays, son pied heurte à chaque pas des débris, débris grandioses, qui attestent la haute civilisation de ses ancêtres. Il a une foi immense dans une renaissance arabe. Il a vécu dans le désert avec les Touaregs et autres tribus nomades ; les Algériens et les Tunisiens lui ont crié leur haine contre les Français. Il me conte des faits, des anecdotes, que je voudrais transcrire ici, mais ce serait trop long. Un de ses souvenirs est cependant typique. Il voyait souvent un noble pacha traverser Alger à cheval, enveloppé de son beau burnous bleu. Un jour, il le rencontre, au loin, dans la montagne, peinant, travaillant sous un soleil meurtrier.

« Par Allah ! que fais-tu ici, noble cadi ?

— Ne le vois-tu pas, frère bien-aimé. Je travaille, je nettoie mes vignes. Plus tard, je m'en irai vers les oasis d'El-Kantara pour récolter mes dattes. Je dois faire tout cela depuis la domination exécrée. Je dois payer de fortes contributions pour le palais en ruine qui me reste à Alger et pour les pauvres palmiers du désert. Ils m'ont pris le reste, les montagnes et les vastes territoires de mes aïeux. Ils ne m'ont laissé que ce qu'ils pouvaient imposer. Et je peine, parce que je ne veux pas déchoir. Je veux rester digne et noble, parce qu'un jour viendra !... Ah ! ces maudits Roumis. »

Forkestan rêve un instant à cette vision heureuse ! Il me dit aussi le désir de ses compatriotes de se libérer de l'Anglais et me parle des sentiments d'indépendance des Marocains que l'on veut plier sous le joug. Il me montre l'esprit de toutes ces peuplades, de Tanger à Constantinople, tendu vers un même but, vers un même idéal. Elles se sont détachées du reste de l'humanité, se claustrant dans leur déchéance, n'ayant que deux mêmes pensées au front : la liberté et le Koran.

Et Forkestan finit : « Un jour luira, où tous ces hommes fiers et braves se soulèveront et se soutiendront. Et ils vaincront, et leur intelligence un moment engourdie se réveillera aux sons vibrants et joyeux des trompettes de la victoire et de la liberté. Voyez, comme les Japonais se sont révélés à l'Europe après bien des siècles d'oubli ! »

Je me suis endormi avec la vision du rêve de Forkestan.

Saragosse, le 2 mars 1906.

Ce matin, quand nous sortons, il fait un peu frisquet. Le *castellano*, venant du haut plateau castillan, souffle du froid et du gel.

Nous visitons l'ancienne capitale du royaume d'Aragon. C'est une ville de 100,000 habitants. A part la promenade principale, elle a l'aspect tout à fait moyenâgeux ! Ses rues sont à peine de la largeur d'une voiture. Dans certains quartiers, les vieilles maisons sont construites ainsi que de minuscules châteaux forts. En 1808, lors du fameux siège, chanté par les poètes, il fallut les prendre d'assaut les unes après les autres. Les Français en détruisirent ainsi un grand nombre.

Le caractère du peuple ne s'est pas modifié depuis un siècle. Il est prêt à recommencer avec

le même stoïcisme les dures épreuves passées.
Mais les murs d'enceinte n'existent plus ! Et les
canons modernes tuent à une telle distance ! La
bravoure est morte ; elle n'est plus qu'une page de
l'histoire ! Il faudra bien que vous modifiiez vos
allures, fiers communiers !

Saragosse forme comme un monde à part. Elle
vit seule, n'a aucun rapport avec le reste de
l'Espagne. Elle est comme cloîtrée. Mais à l'intérieur du couvent, la vie est assez agitée. La
promenade est la principale occupation des habitants. Les dames se réunissent tous les jours, à
11 heures, dans les principales églises. Dès 4 heures
après midi, le *coso* se remplit de monde ; on se
promène ainsi tout le long du jour. Les hommes
vont causer, sans bruit, au café, pendant que les
dames s'arrêtent longuement aux vitrines. Les
jeunes filles n'ont nullement l'air farouche ; elles
vous dévisagent avec leurs beaux yeux brillants ;
elles ont toutes une chevelure admirable et sont
très bien coiffées. La pâleur de leur teint fait
mieux ressortir le noir luisant de leurs cheveux.

Quand il fait beau, tout ce monde s'en va hors
la ville se promener au *Torero* et le long du canal
Impérial. J'ai fait cette longue promenade en
voiture, mais la *Huerta* n'est pas encore en

fleurs; il faut encore un mois avant que cette admirable campagne, fertilisée par les eaux du canal Impérial, construit à cet effet par Charles-Quint, soit dans toute sa splendeur.

Il y a à Saragosse deux beaux monuments : la *Séo*, vénérable cathédrale gothique qui possède un maître-autel avec un retable en albâtre sculpté de toute beauté; dans la seconde cathédrale, Notre-Dame del Pilar, les fidèles s'agenouillent devant le pilier (*El Pilar*) sur lequel la Vierge apparut à saint Jacques de Compostelle. On n'en peut voir qu'une partie, large comme la main. Des femmes sont là, plus d'une douzaine; elles s'approchent et baisent la pierre sacrée. Je la touche du doigt. Le marbre est excavé de plusieurs centimètres par suite de l'attouchement des lèvres des milliers et des milliers de chrétiens qui viennent depuis des siècles, de toute l'Espagne, faire leurs dévotions à la « Virgen del Pilar »; celle-ci a une statue merveilleuse dans le chœur, au bas de l'admirable retable d'albâtre sculpté dans le plus pur style gothique par Damien Forment. La tête de la statue a une auréole en argent massif, énorme. Tous les dix ans, les fidèles lui en offrent une nouvelle. Celle que j'ai vue ne date que de l'an dernier et a coûté près de 6oo,ooo pesetas. Mais un amateur parisien, qui l'a estimée il y a quelques mois, n'en donnerait pas plus de 3o,ooo pesetas. C'est toujours ainsi que cela se passe en Espagne, me dit mon guide ; le peuple paye pour le gouvernement ou pour l'Église, mais quand l'argent arrive au but pour lequel il a été versé, il n'en reste presque plus rien.

Réellement je vis ici dans une atmosphère des siècles passés. On se croirait encore du temps d'Arbuès, le sinistre inquisiteur, dont le tombeau se trouve dans la Séo, à côté d'une pierre énorme avec laquelle on écrasait les membres des infidèles. Les moines d'aujourd'hui feraient bien de l'enterrer à cent lieues sous terre ; mais non, on dirait que plane toujours sur Saragosse un souffle des époques lointaines. Les bourgeois ferment leurs boutiques plus de cent jours par an, à l'occasion de la fête du plus petit saint et s'en vont se rencontrer au café ou à la promenade. Mais ils ne se lient guère. Ils vivent chez eux, défiants. Comme ils ne travaillent que très peu, ils vivent misérablement ; et cependant quand ils sont dans la rue, ils ont vraiment grand air. Leurs maisons, comme les monuments de la ville, d'ailleurs, se lézardent. Au moindre tremblement de terre, tout Saragosse ne formerait qu'une ruine. Dans sa vie

CORDOUE. — LA COUR DES ORANGERS ET LA MOSQUÉE.

même, elle n'est déjà plus que débris et vétusté, mais elle garde encore du fier hidalgo l'extérieur hautain.

Et le peuple souffre ; l'octroi le pressure ; celui-ci est affermé tous les dix ans à celui qui en donnera le plus haut prix. A la dernière adjudication, il y eut trois amateurs ; ceux-ci doivent d'abord verser une caution de 25,000 pesetas, laquelle n'est jamais rendue. On ne peut se douter avec quel raffinement et quelle désinvolture le fermier de l'octroi rançonne le consommateur ! Il agit à sa guise, il est tout-puissant, autocrate, parce qu'il a payé gros.

Aussi la vie est-elle horriblement chère ! En passant au marché couvert, j'ai vu deux misérables petits pigeons affichés 4 pesetas pièce, un poulet étique 7 pesetas. Et comme on ne découvre pas acheteur assez riche pour payer pareil prix, on découpe les grêles membres, le cou, la tête de ces pauvres volatiles et les petits morceaux gisent là, misérables, sur une plaque de marbre. Qui veut un croupion avec un petit éventail de plumes pour une piécette ?

Le peuple espagnol, qui doit avoir beaucoup de sang arabe dans les veines, est devenu fataliste. Il laisse faire et se dit : « A quoi bon ! » Et puis il faudrait faire un si grand effort. Ce n'est vraiment pas possible. Des élections, il ne s'en occupe guère. Souvent, il ne peut y participer parce qu'il ne paye pas assez de contributions ; ou bien, il préfère vendre son vote pour 5 pesetas.

L'argent, qui est rare dans le pays, est mendié par tous : dans les hôtels, on vous arrache des pourboires ; dans la rue, vous êtes vite entouré de miséreux qui tendent la main, mais qui, trop fiers, ne vous suivent et ne vous importunent pas comme font les Napolitains.

Le bourgeois qui passe, digne, bel homme, mis à la dernière mode, n'a pas d'argent et vit d'expédients. Il a la beauté sereine et la nonchalance de l'Arabe. Il en a les vices. Les mœurs sont licencieuses déjà ici en Aragon. Et c'est bien pis, me dit-on, en Andalousie. Les moines n'ont pas le respect de leur habit, les femmes sont sans pudeur ; l'homme blasphème à chaque instant, même celui qui à toute heure du jour s'en va adorer la « Virgen del Pilar ». Leur ignorance à tous est notoire. L'Espagne est parsemée de couvents et n'a pas d'écoles. Le gouvernement manque d'argent et ne peut pas payer des instituteurs. Un ministre disait dernièrement qu'il en manquait dix mille.

Les fils des citadins apprennent à lire et à
écrire, juste assez pour commenter le journal, au
café. Les gazettes ont beaucoup de succès dans ce
pays ; c'est la seule distraction de la journée pour
des gens oisifs. Dans la moindre petite gare, trois
ou quatre hommes, femmes ou enfants crient à
tue-tête : « *El Diario, El Heraldo* ».

Dans la campagne, le peuple n'a pas la moindre
notion d'instruction. Aussi la moralité est-elle en
dessous de ce qu'on peut imaginer. On se bat, on
se tue pour la moindre querelle, on vole et on
pille quand il y a moyen. Et ici qu'on me permette
une petite digression. Il est impossible de ne pas
faire un rapprochement entre les mœurs de la campagne espagnole et celles de nos plaines flamandes.
Quoi qu'on en dise, elles sont plus licencieuses
que dans nos provinces wallonnes. Il faut avoir
vécu au milieu des diverses populations de la
Belgique, pour pouvoir apprécier cette différence.
Le Flamand est plus brutal, plus sanguinaire. Les
longues-pennes, de sinistre mémoire dans le pays
de Charleroi, sont presque tous des Flamands.
Est-ce la race qui est cause de tant de crimes ?
Non, c'est le manque d'éducation et d'instruction.
Une religion est bonne dans les âges primitifs
d'une société, mais elle ne suffit plus quand cette

société s'est développée, affinée. Il faut autre chose à l'esprit humain. Il lui faut la compréhension de son être moral, de sa responsabilité, de sa conscience. L'instruction seule peut former des êtres moraux. Les religions ont contenu et endigué les passions des simples; elles furent un frein à leurs sentiments ataviques de barbares; mais dès que l'autorité religieuse s'est relâchée comme en Espagne ou lorsqu'elle n'a plus de prise sur le paysan flamand qui s'en va vers les villes tentaculaires, ces êtres livrés à eux-mêmes semblent retourner à leur état primitif et la civilisation des siècles antérieurs a passé sur eux sans les améliorer, en pure perte. Ils conservent leur âme violente, fanatique, empreinte à certaines heures de sacrifice, d'abnégation, du martyr chrétien. Et c'est ce qui explique, que des Italiens et des Espagnols, qui ont le feu de leur pays dans le sang, passent si facilement à l'anarchie, nouvelle religion pour eux.

Cela ne veut pas dire qu'un esprit supérieur, instruit, intelligent ne puisse pas honorer la religion dans ce qu'elle a de divin. Il peut parfaitement s'en faire une idée philosophique parfaite, toute de charité, d'humilité et d'amour.

Et cette France superbe, ce pays que j'admire

tant, est encore partie la première en guerre contre les errements du passé : le militarisme à outrance et le mauvais esprit de la religion. Dans ce pays où chacun est instruit, l'Église de France peut encore jouer un rôle glorieux si elle sait s'élever à la hauteur d'une religion exclusivement divine, si elle sait planer au-dessus de tous les intérêts matériels et électoraux; si elle sait se rapprocher suffisamment de la divinité pour qu'elle n'en reçoive que l'auréole céleste et s'éloigner ainsi des passions des pauvres humains.

Tout se touche et tout se lie dans le monde. Ici en Espagne, la moralité inférieure du pays rejaillit sur tout, même sur la justice. Elle aussi, est boiteuse; elle sait attendre pour les riches, elle est cruelle pour les misérables. Le criminel qui peut payer caution a beaucoup de chances de ne jamais être inquiété, parce qu'ainsi on peut garder l'argent. La police est nombreuse, mais elle est vénale. Des gendarmes accompagnent chaque train. A chaque halte, ils descendent, font les cent pas sur le quai, se laissent inviter à la *fonda* ou au bureau de tabac, mais ne pincent jamais personne.

Il y a quelques jours, un vagabond emporta à la gare de Saragosse la valise d'un voyageur. C'était le soir. L'homme se déroba furtivement

vers la campagne. Les gendarmes l'avaient vu
s'éloigner. Le portier de l'hôtel, dans lequel ce
voyageur descendait, après de vaines recherches,
s'en va près d'eux et leur dit :

« Je sais que vous avez vu le voleur de la valise.
Qui est-il ?

— C'est un tel ; nous ne l'avons pas arrêté parce
qu'il est dangereux et puis... il est plus rapide que
nous. Que voulez-vous, pour 2 pesetas que nous
gagnons par jour ! »

Le portier s'en est allé parlementer avec le
voleur qui a bien voulu restituer la valise moyen-
nant 10 pesetas. Et il est fort probable que gendarmes et malandrin étaient de connivence.

Malgré une police aussi peu vigilante, on me
dit qu'il y a bon an, mal an, environ deux cent
cinquante peines capitales prononcées chaque
année en Espagne.

Triste pays ! Mais, chassons de notre esprit
toutes ces idées trop sérieuses et regardons autour
de nous.

Dans la petite rue San Pablo, en pleine ville, se
trouve la *Posada de Las Almas, administrado pro
el mismo propritario* (administrée par le propriétaire lui-même). Je lis cela sur une carte de recom-
mandation me remise par M. Joaquin Céresalla.

C'est lui, le patron. Il est gros, jovial, rasé de frais comme beaucoup de ses compatriotes. Il veut me faire les honneurs de son home, parce que je me suis avancé en curieux dans la cour intérieure de cette vieille auberge espagnole. Dans les villes, elles sont devenues introuvables. Les diligences à cinq chevaux entrent là, à toute allure. Le rez-de-chaussée est occupé par les chevaux et les palefreniers. Les bâtiments sont rangés autour de la cour qui forme *patio*. Au premier étage, une galerie fait le tour et surplombe la cour en balcon; celui-ci est garanti contre l'averse et le soleil par la toiture du haut qui avance très fort. Les cuisines sont à l'étage dans le fond de la cour; à droite se trouve la grande salle à manger, à gauche les chambres à coucher. Sur le devant, loge le propriétaire ; celui-ci m'a fait entrer partout. De tous côtés, règne la plus grande propreté. On y fait des dîners pantagruéliques et de bien loin, le dimanche, on y vient apprécier une vraie spécialité, « un ragoût de mouton incomparable ».

Mon aimable cicérone m'offre un verre de xérès d'une de ses vignes, là-bas, dans la montagne. Il est clair et vermeil, doré comme les monts qui l'ont produit, rubicond comme les joues de mon amphytrion, comme les lèvres de sa digne épouse, femme de noble prestance, à l'air intelligent, qui est venue s'attabler avec nous. Ce vin me ravit, cette hospitalité m'émeut. A ta santé, mon brave !

Et dans la cour, en face de moi, le soleil éclaire une bien gentille scène : une belle grande fille jette, de la balustrade sur laquelle elle s'appuie, une fleur rouge à un postillon qui démarre, au milieu du bruit des sonnettes et du claquement du fouet, en envoyant un dernier baiser à sa *Bella Doña*. Comme il aura le cœur joyeux, le joli postillon, quand il s'en reviendra, dans une huitaine de jours, de Pampelune en Navarre et qu'il roulera sur la terre d'Aragon !

CORDOUE. — ENTRÉE DE LA MOSQUÉE.

Madrid, du 3 au 5 mars 1906.

La route est longue de Saragosse à Madrid. Parti le soir à 9 heures, on arrive à 6 heures du matin à Guadalajara. On monte jusqu'à 1,000 mètres d'altitude, à Médinaceli, dans la sierra. La roche schisteuse est d'un rouge sanguin. Puis le chemin de fer quitte le plateau d'Aragon pour celui de Castille. Les terres sont maintenant cultivées, de-ci, de-là, et le train finit par traverser une contrée riante, arrosée par des torrents, jusque Madrid.

Je suis descendu à l'*Hôtel de Rome*. Il est triste et sombre, mais la table y est excellente. Les fenêtres de ma chambre à coucher s'ouvrent sur une rue, dans laquelle habite tout un monde d'étudiants et de femmes galantes. Quelle promiscuité ! Deux jolies *manolas* logent en face de chez moi. Je les photographie. Elles m'envoient de longs baisers par-dessus la rue.

Madrid est une très grande ville d'un demi-million d'habitants. Elle est tout à fait moderne et par conséquent quelconque. Elle fut créée de toutes pièces, en tant que capitale, par la froide et méthodique pensée de Philippe II. Tolède, Cordoue, Léon, Burgos, Saragosse se disputaient la gloire d'être le joyau du royaume nouvellement unifié. Philippe choisit Madrid, qui était au centre de ces villes et qui n'avait aucune importance. Elle est située sur un plateau dénudé, déboisé, et le climat y est plutôt dangereux. Tous les grands d'Espagne y habitent l'hiver. Ils ont tous abandonné le berceau de leur famille dans les différentes villes de province. L'été, ils quittent l'Espagne pour la France et la Suisse.

La ville est déserte pendant les mois chauds. Les magasins ferment et les bourgeois se retirent dans la sierra ou vont jusque Saint-Sébastien. Il y a parfois à Madrid de brusques variations de température, de dix degrés en un jour. En été, il n'est pas rare de constater 42° de chaleur à l'ombre. En hiver, l'air est si vif et si subtil, que, suivant un dicton populaire, « il abat un homme et n'éteint pas une chandelle ».

Toutes les lignes de chemin de fer partent d'ici et s'en vont vers la frontière ou la mer. Elles forment comme les rayons d'une vaste toile d'araignée, dont Madrid serait le centre.

La ville n'a rien d'attrayant et cependant l'orgueil des citadins est si grand, qu'ils disent : « De Madrid au ciel, et dans le ciel une lucarne pour contempler Madrid. »

Mais dans la campagne la désolation est si grande, que le paysan dit : « Quand une alouette traverse le plateau de Castille, elle emporte son grain avec elle. »

Le Palais royal est le plus beau monument de la ville. Il a vraiment grand air, tout blanc, en pierre du pays, ayant la teinte du marbre. Il forme une construction énorme, rectangulaire, sur la place d'Orient, à l'extrémité de la ville. Il n'a pas l'air sombre du tout, avec sa vaste cour carrée où les gamins de la ville se donnent rendez-vous. Tous les jours, à 11 heures, la foule s'amène et vient remplir les galeries qui bordent la cour. Au dernier battant de l'heure, une délégation de tous les régiments de Madrid entre, et va relever la garde. Les soldats défilent aux accents de la Marche royale. La musique en est douce, harmonieuse, un peu triste. On dirait qu'elle pleure la grandeur des siècles passés. Elle n'est ni héroïque ni entraînante. Elle rappelle les accents plaintifs des *bazuinen* dans les tournois flamands du moyen âge. Puis les musiques de l'artillerie et de l'infanterie jouent, l'une après l'autre, des morceaux de concert. Cela dure une demi-heure. Enfin les officiers s'avancent à cheval, vont saluer le beau drapeau rouge et jaune; la garde change, et les régiments s'éloignent aux accords de la Marche royale.

Comme j'étais un samedi à Madrid, je ne manquai pas de retourner dans la cour du Palais à 3 heures. Toutes les semaines, à même jour et à même heure, le Roi, dans une première voiture avec le Ministre de semaine, la Reine, sa fille et son gendre, le prince de Bavière, dans la deuxième voiture, passent au petit trot des chevaux et s'en vont faire leurs dévotions dans une église de la ville. Cet usage remonte très loin dans l'histoire des rois d'Espagne. La foule peut approcher de fort près les souverains. Des malheureux jettent à chaque sortie des suppliques dans le carrosse royal; elles sont toutes examinées minutieusement. J'ai vu le jeune Roi, très grand et très mince, l'air joyeux de ses récentes fiançailles avec la princesse Ena de Battenberg. Il a la lèvre proéminente et la figure désagréable de son père. Sa sœur est plus laide encore. Le prince de Bavière est un bel officier blond. La reine Marie-Christine ne paraît pas son âge ; elle est distinguée et a un grand air de bonté.

Ne quittons pas le Palais sans jeter un coup d'œil sur le beau parc qui descend en gradins jusqu'au Manzanarès ; pauvre rivière, souvent à sec, qui coule là-bas au fond du ravin.

Le Musée d'armes (l'Arméria), qui est là tout près, renferme la plus riche collection d'armures qu'il soit possible de voir. Celles de Charles-Quint et de Philippe II sont nombreuses et de toute beauté. Elles sont gravées, ajourées, battues en relief au marteau et sont toutes incrustées d'or ou d'argent. C'était un art merveilleux que celui d'armurier au moyen âge. J'ai vu des casques sur lesquels étaient représentées des péripéties d'une grande bataille, en relief énorme. Les ombres sont faites d'or et le plein jour d'argent. Ce sont encore, inestimables reliques, la tente de François Ier à Pavie, des armures turques constellées de pierreries, la vaisselle de campagne de Charles-Quint, sa chaise à porteurs quand il s'en allait malade parmi les champs de bataille.

Les rues de la ville sont très animées à certaines

heures du jour ; on dirait que toute la population de Madrid vient respirer l'air dans les artères principales : le Buen retiro, le paséo del Prado, Calle de Alcala, Puerta del Sol. Jusque bien avant dans la nuit, la foule des promeneurs ne cesse de déambuler. Les jeunes femmes que l'on rencontre ont toujours les mêmes belles têtes et les yeux noirs, profonds comme l'abîme. Elles sont coiffées admirablement. Elles ont des dents très blanches qui brillent. La main est petite, élégante, grassouillette et les jolis doigts en fuseaux se terminent par des ongles roses, polis, lustrés. En Espagne, la femme du peuple se soigne beaucoup mieux que bien des jeunes filles de notre bourgeoisie. Ses beaux cheveux sont lissés, ondulés tous les jours par les soins d'une *pelluquiera* (coiffeuse); ils sont séparés au milieu du front en deux larges bandeaux qui descendent en jolies ondulations au-dessus de l'oreille, petite et belle ; ils se rejoignent derrière et forment une longue tresse que l'on replie sur les épaules et qui est cachée par la mantille noire, dont toutes les dames encadrent leur jolie figure poudrerisée. Les gamines de dix ans se poudrent déjà outrageusement.

La jeune bourgeoise s'est enlaidie en portant des costumes et des chapeaux à l'instar de Paris.

La couleur locale est morte partout, en Espagne comme ailleurs. Les hommes sont habillés comme vous et moi et coiffés du même laid chapeau boule ; mais, ce sont des types superbes. Ils sont imposants avec leur masque romain ; ils marchent droits, la tête altière, ils sont rasés de frais à l'américaine ou portent une belle barbe noire taillée soigneusement. Ils causent peu, ont dans le regard quelque chose du rêveur arabe et fument presque toujours. Leurs vêtements sont soignés. Les jeunes gens ont tous le veston à taille bien cambré. Le petit employé comme le grand seigneur portent la petite manchette à feston, retenue par une chaînette dorée. Le col montant rabattu, le gilet de fantaisie, la chemise de couleur, sont portés par tous, même en province.

Quoi qu'on en ait dit, l'Espagne est un pays très propre. Les rues, les maisons sont tenues dans un état parfait. Le peuple a beaucoup de goût, et sa mise est soignée. Il ressemble bien plus de ce côté à l'Arabe qu'au Latin. L'extérieur ne laisse rien à désirer, mais au fond des habitations, la misère doit être souvent terrible.

Il y a à Madrid quinze mille employés du gouvernement conservateur, qui attendent que leurs collègues libéraux aient terminé leurs quelques années d'abondance. Puis ce sera leur tour, quand les élections leur seront favorables, de s'asseoir autour de l'assiette au beurre. Ils se gobergeront en songeant aux années maigres qui viendront vite et pendant lesquelles on ne fera rien, par dignité. Si, par hasard, un parti a la vie un peu longue, c'est la misère noire pour ces fonctionnaires au repos forcé. Mais ils n'en laisseront rien paraître. Aussi alors, la peseta, d'où qu'elle vienne, sera la bienvenue au logis pauvre. On ne se demandera pas comment et où elle a été gagnée.

CORDOUE. — INTÉRIEUR DE LA MOSQUÉE.

—

Madrid, le 5 mars 1906.

Aujourd'hui dimanche, c'est encore un peu carnaval. Les confettis volent au milieu d'une poussière blanche, qui forme pour ainsi dire de petits
nuages à certains carrefours. Les petits ronds
de papier multicolores, rouges et bleus surtout,
vont se piquer avec art dans les mantilles et les
cheveux. Mais la poussière devient de plus en plus
dense. Elle est blanche, légère, ne salit pas trop.
On en a vite plein les yeux et cela piquote. Des
balcons, on jette des fleurs dans la foule. De
brillants équipages attelés de superbes chevaux ou
de quatre mules élégantes se suivent au pas, tant
ils sont nombreux. Jamais je n'ai vu foule pareille.
Tout le monde ici est grand et j'ai la sensation
d'être un homme très petit qui aura bien du mal

de sortir de cette multitude, tant elle est compacte.

Il est vrai qu'il est 6 heures du soir, et que la première course de taureaux de l'année vient de finir. J'y suis allé et je dois le dire à ma honte, je suis resté jusque la fin, malgré l'horrible boucherie qui s'est perpétrée devant mes yeux. Dix chevaux et six taureaux ont été mis à mort. Je m'étais placé du côté de l'ombre, près de la porte de sortie pour m'esquiver, dès que je sentirais mon cœur s'en aller à la dérive. Il a bien failli chavirer plusieurs fois, mais après quelques douloureux assauts, il a fini par se calmer. Oh! l'horreur de la première course! Quand le taureau se précipite furieux sur la lance du picador qui lui fait une profonde entaille entre les deux épaules et que, beuglant de douleur, il enfonce ses cornes dans le poitrail ou dans les flancs du cheval, je dois détourner un instant les yeux. Homme et cheval roulent à terre, pendant que les *espadas* détournent l'attention du *toro* en lui lançant dans les cornes leur *capéo* de couleur voyante. Les *chulos* (domestiques) remettent avec beaucoup de peine la vieille bique sur ses quatre pattes chancelantes. Le sang ruisselle d'une horrible déchirure, par où s'échappent des chapelets gris d'entrailles. Des mains sanglantes les saisissent, les remettent en place et pour les maintenir, enfoncent un gros tampon d'étoupe dans l'ouverture béante. Puis le picador remonte sur l'animal qui tremble de frayeur et de douleur. On le frappe, on le pique, on l'entraîne à nouveau devant le *toro*. Celui-ci recommence. A la troisième fois, la pauvre bête ne peut plus se relever et son cadavre reste là, secoué de spasmes, jusqu'à la mort de son vainqueur. Celui-ci creuse l'arène de son sabot, il souffle bruyamment, il écume de rage. On vient de lui planter trois paires de banderilles dans le garot. Enfin, le président donne le signe de la *suerte de matar*. L'*espada*, muni d'une étoffe écarlate et armé d'une épée longue et mince, s'avance au-devant de l'animal furieux. Il l'évite jusqu'au moment favorable qu'il choisit, pour enfoncer l'arme terrible jusqu'à la garde, entre les deux épaules. Il est rare que le *toro* tombe foudroyé. Souvent il faut reprendre l'épée mal plantée et l'*espada* recommence deux, trois fois, même jusque huit fois.

Cela arrive surtout dans les courses du début de l'année, qu'on appelle *novilladès*. Ce sont des apprentis qui s'escriment sur les malheureuses bêtes. J'ai assisté à ce spectacle barbare. J'ai vu des *toros* qu'on ne savait faire mourir. L'épée allait se planter dans les chairs, à moitié de sa longueur, puis tombait. Et on recommençait à taillader. Ah! l'horrible scène! Quand le *toro*, tombé sur les genoux, la langue énorme et sanglante, suffoque, on s'acharne encore sur lui, et on se défie toujours de cette tête toute-puissante qui de temps en temps veut encore se défendre. La foule trépigne et hurle. Tout le monde est debout. Il y a là 20,000 personnes qui sifflent, jettent dans l'arène des chapeaux, des oranges. Toutes les têtes se tournent vers le président; on lui demande de renvoyer cet *espada* qui n'est même pas bon pour être boucher. Celui-ci ne veut pas être disqualifié : il est blême. Il discute avec la foule. Il a l'air d'un fou, et un peu d'écume blanchit la commissure de ses lèvres. Il se détourne de la loge présidentielle pour ne pas voir le signe fatidique et fonce à nouveau, féroce, sur la bête mourante. Elle roule enfin et lui l'homme superbe de tantôt, on l'emporte plus mort que vif.

Ah! il faut voir cette foule qui assiste aux *corridas* espagnoles! D'abord, elle donne une forte désillusion. Je parcours des yeux les immenses gradins pour apercevoir les belles *sénoritas* avec leurs fines mantilles et leurs éventails de couleur. J'en vois à peine quatre ou cinq. Je n'aperçois que des hommes habillés de vêtements sombres, coiffés de chapeaux noirs. Où sont les brillantes couleurs si souvent chantées ? Mais, la foule est frémissante, elle est vivante. Elle s'occupe de tout ce qui se passe dans l'arène. Si le *toro* ne lui paraît pas suffisamment brave, il faut qu'on le remise. Au moindre coup porté à la bête, on crie, on applaudit ou on siffle. Elle voit tout et avec une rapidité effrayante. Un jeune homme vient d'entrer avec un faux-nez (nous sommes en carnaval). Aussitôt elle l'aperçoit, vocifère, oblige l'intrus à s'en aller.

Mon guide me raconte qu'un jour, un jeune homme se trouvait à côté de la loge d'une jeune fille qu'il aimait. Il voulut lui saisir la main, mais la jeune *sénorita* fit un geste, comme de frayeur. La foule perçut le mouvement qu'elle prit pour du dédain. En Espagne ce fait est considéré comme un crime de lèse-galanterie. Aussitôt, ce fut un vacarme épouvantable. On exigea que les deux jeunes gens descendissent dans l'arène. Ce fut le coup de foudre pour la jeune *sénorita*. Elle dit deux mots à ses parents et au jeune homme, se fiança et descendit au bras de son *novio* (fiancé) au milieu de la piste. Et là, sous le regard du *toro*, ils esquissèrent un pas de valse et s'embrassèrent aux applaudissements d'une foule en délire.

D'un coin à l'autre de l'amphithéâtre fusent à chaque instant des bons mots, des saillies, des rires. Tout à côté de moi se trouve un monsieur bien mis, jeune encore, accompagné de sa dame. Il a le faciès, le regard dur, la figure longue et creusée de l'Arabe. Il gesticule, il est nerveux, il est rageur. Derrière nous, à quelques gradins plus haut, un autre amateur lui donne la riposte, à propos d'un coup malheureux porté par un *espada*, ami de mon voisin. Tous deux s'invectivent et cela dure, cela dure...A chaque course, cela recommence. Je me retourne souvent et j'ai du plaisir à voir les gestes fiévreux des deux adversaires. Puis aussi, parce que je puis admirer la plus jolie tête de femme qu'on puisse voir. Elle ressemble étonnamment à une madone de Murillo que j'ai tant admirée au Musée. On dirait qu'elle a quitté sa toile, pour se soustraire pendant quelques heures à l'ennui des grandes salles du *Prado*. Elle est blonde, ce qui est fort rare en Espagne. Elle a de beaux cheveux ondoyants, séparés sur le front. Les yeux sont noirs, éclatants ; la bouche et le nez sont petits, mignons. Elle a le teint frais des roses légèrement transparentes. Mes yeux ne peuvent se détourner de tant de grâce, de fraîcheur, de beauté. Elle fait glisser sa mantille noire pour que je n'aperçoive plus que les miroirs éblouissants de son âme, que je devine noble et tendre. Elle n'a pas oublié le geste de ses aïeules, les jolies Mauresques d'autrefois, qui se détournaient et se cachaient des Roumis.

Mon guide me fait la leçon ; c'est un excellent mentor.

« Faites attention, me dit-il, c'est la *novia* du monsieur qui se trouve à côté d'elle et voyez comme il lance des regards furibonds.

— N'a-t-il pas confiance en elle ? demandai-je

— Ah ! ici, en Espagne la fidélité n'est pas de monnaie courante et bien des *novios* ont appris un jour leur malheur !

— Et alors ?

— Ah ! parfois c'est terrible, le couteau, le sang !

— Brrr ! j'en ai le frisson. Et la foule qui a déjà l'air de me regarder. Me voyez-vous être obligé de descendre dans ce cirque et de me mesurer à la *navaja* avec ce terrible homme. Peut-être, ce beau geste me vaudrait-il un sourire de remerciement de cette adorable vierge ? Cette seule vision me donnerait l'audace nécessaire. Mais si l'on emporte mon corps sanglant, que fera-t-elle ? Mystère. Un éclair de dédain et de mépris traversera ses beaux yeux. Il est encore préférable que je m'en aille, le cœur saignant. D'ailleurs, les longues trompettes annoncent la fin de la *corrida*. La recette est toujours fructueuse. Après les frais déduits, elle est remise au bureau de bienfaisance. *Panem et circenses !* »

En me faufilant à travers la foule opaque, dense, j'apprends que l'on vient d'arrêter deux escrocs. Je ne sais s'il vous est arrivé, à vous comme à moi, il y a une dizaine d'années environ, de recevoir d'Espagne une longue lettre, fort bien écrite, sur papier parcheminé, dans laquelle on vous disait qu'un de nos compatriotes au temps des guerres de Napoléon, avait enfoui un trésor provenant de pillages. L'endroit où le butin est caché était connu seulement du pauvre prisonnier qui vous écrivait du fond de sa cellule, tel numéro, à telle prison de Madrid. Un compagnon de geôle, qui venait de mourir, lui avait fait cette révélation et dans certains papiers qu'il lui avait légués, votre nom de famille à vous, était écrit à plusieurs reprises. Et c'est pourquoi le pauvre détenu vous demandait de venir lui apporter

GRENADE. — COUR DES MYRTES ET TOUR COMARES.

les 5,000 pesetas de caution que la justice exigeait pour sa mise en liberté provisoire. Et à deux, on s'en irait découvrir le fameux trésor et on se le partagerait par moitié.

Je dois encore avoir ce document dans l'un ou l'autre tiroir, il faudra que je l'en tire un de ces jours !

Eh bien, depuis cinquante ans, cette escroquerie, que l'on appelle ici « à l'enterrement », parce qu'il s'agit aussi souvent d'un compatriote que l'on vient d'enterrer, réussit à merveille. Que le monde est donc rempli de gogos !

Les filous s'entendaient anciennement avec les gardiens de certaines prisons. Ils pouvaient ainsi donner des détails précis et les documents paraissaient authentiques. Mais à la suite de réclamations suivies des consuls étrangers, le gouvernement a pris des mesures énergiques. Il a fallu inventer des histoires plus fantastiques encore, mais cela mord toujours. Pendant quatre ou cinq ans, ces escrocs exploitent un pays. Ils trouvent les adresses au *Botin*. Actuellement ils ont jeté leur dévolu sur l'Allemagne. Et les gros Germains d'arriver avec leur portefeuille gonflé ! Le mois dernier, à l'*Hôtel de Rome*, deux brasseurs d'outre-Rhin sont arrivés, le père et le fils. Comme ils demandaient certains renseignements au portier, celui-ci mis en éveil voulut les questionner. Ils refusèrent, disant qu'ils allaient se promener. Deux heures plus tard, ils revenaient le gousset vide. On leur avait écrit qu'il fallait remettre la somme à un bon vieux moine qui se trouvait toujours, à certaine heure, dans le petit square devant la prison. C'était un saint aumônier bien vu en haut lieu qui ferait aussitôt le nécessaire pour la délivrance du prisonnier. Ils suivirent en tous points ces instructions, mais attendirent vainement le retour du pseudo-prêtre.

Les deux malandrins qu'on vient d'arrêter avaient dépouillé ce matin un jeune Allemand d'une vingtaine d'années, lequel a voulu ensuite se suicider.

La langue espagnole est facile à comprendre pour nous Latins. Il n'est publié ici aucun journal en langue française. Force m'est donc de recourir chaque jour au *Héraldo*. La troisième page est encombrée de grandes annonces faisant connaître au public la mort d'un citoyen. Le riche prend une page entière. Le petit employé se contente de cinq ou six lignes.

Voici maintenant, le courrier des théâtres. Il y en a une dizaine. Lequel vais-je choisir ?

Mon guide me conseille de les faire tous en une soirée. C'est un des bons côtés de l'Espagne, cela, de pouvoir ainsi goûter de tous les théâtres, tranche par tranche. La tranche vous coûte une peseta et il vous faut une heure pour la déguster. Et vous pouvez ainsi varier les tranches à l'infini.

J'ai commencé par le théâtre « Zarzuela ». On m'a servi un gentil petit vaudeville, *Pérochico* (*le Petit Chien*). Puis au théâtre « Appolo » j'ai vu jouer une comédie. Un socialiste ne veut plus travailler. En se couchant, il fulmine contre la société. Il a un joli rêve : les électeurs viennent de le nommer *Gobernador* (gouverneur). Et le voilà en fonctions. Ses amis viennent le trouver pour lui demander une place, un secours. Il faut avoir l'œil à tout. Il n'a plus le temps ni de manger ni de dormir. La garde civile trouve de la dynamite dans son palais. Saisi d'une frayeur incroyable, il se jette à bas de son lit et se réveille. Il songe aux heures terribles qu'il vient de passer, prend sa blouse et s'en va à l'usine. Il eût dû faire comme ce Joaritzi, émeutier républicain, bombardé gouverneur de Madrid, et qui disait : « Lorsqu'on change de position on change, en même temps, de point de vue. » Il fit coller sur la porte de son bureau : « Le gouverneur n'a ni emplois, ni argent, ni patience, ni rien. »

L'heure suivante, je l'ai passée dans la rue. Etant entré au « Kursaal », j'y ai trouvé une foule d'hommes qui applaudissaient des chanteuses françaises et anglaises, le rebut de nos cafés chantants. J'ai préféré aller respirer le frais.

La « Roméa » est un petit théâtre fréquenté par le peuple ; on y danse surtout. De jolies Andalouses, à la jupe courte, aux bras et aux épaules nus, viennent danser au bruit des castagnettes. Elles sont légères, gracieuses, et gentilles. Leurs gestes sont sobres et pleins d'élégance. Mais en voici d'autres, que des femmes et des hommes accompagnent de cris gutturaux au milieu desquels reviennent toujours les mots de *olé, olé*. Les mouvements deviennent plus langoureux et plus lascifs et cela s'accentue et cela devient enfin du déhanchement et de la contorsion. C'en est fait du charme de la danse, de la beauté du geste. Cela frise l'obscénité !

Les odalisques que j'ai vues là-bas, dans la plaine surchauffée de Sarajèvo en Bosnie ne dansent pas autrement. Ce sont les mêmes mouvements, les mêmes chants que ceux des almées de Tunis ou ceux des *oued-nails* de Biskra. Et les Espagnols d'applaudir! Les danseuses leur jettent des bouquets, rient et causent avec eux d'un bout de la salle à l'autre.

En rentrant par des ruelles étroites, pleines de mystère et d'ombre, je songe que l'empreinte des conquérants maures est encore bien nette et bien vive sur le caractère et les mœurs du peuple espagnol. Ils sont comme eux fanatiques, rêveurs, nonchalants, cruels, pleins de dignité extérieure, enthousiastes, susceptibles de pensées élevées lorsqu'ils s'exaltent en foule, mais dans la vie intime, enclins plutôt au vice et aux sentiments bas. L'Espagnol est d'un abord froid, et il est bien difficile d'entrer dans son intérieur, dans l'intimité de sa famille. Il est encore l'Arabe qui ferme la porte à plusieurs tours de clef quand il sort de chez lui, et on ne comprend bien le caractère de ce peuple que, si l'on a voyagé chez les Kabyles ou les Berbères du nord de l'Afrique et chez les Turcs de l'Orient. Les mœurs d'ici ressemblent étonnamment à celles que j'ai pu constater chez ces disciples de Mahomet.

On m'avait dit de ne pas manquer de me rendre au marché du *Rastro* un dimanche matin. M'y voici. C'est une rue très longue qui descend très fort. C'est tout au bout de Madrid. A gauche et à droite, à terre ou sur des établis, sont jetés pêle-mêle les objets les plus disparates que l'on puisse imaginer.

Le *Rastro* est le plus grand marché de bric-à-brac du monde entier. L'animation y est intense. Au bout de la longue rue descendante, il y a tout un immense quartier de baraquements sordides, formant des ruelles étroites, tortueuses, pleines de détritus, de fumier. C'est infect. Aussi le gouvernement va-t-il racheter tout cela pour faire table rase. Encore un débris des siècles passés qui va bientôt disparaître ! De vieux juifs antiquaires vont furetant partout. Des nomades de la province apportent de vieilles choses sales, dégoûtantes et qui ont parfois beaucoup de valeur.

Je n'ai jamais beaucoup compris la manie de certains collectionneurs. Tous les vieux meubles que j'ai vus chez des amis, des caisses d'horloge ou des bahuts, m'ont toujours laissé froid. Je n'y ai jamais rien vu d'artistique. Le premier ébéniste venu pourrait en faire de plus jolis, bien mieux sculptés. Je comprends les collections de vieilles monnaies, de timbres rares, de porcelaines anciennes, de tapisseries et de tableaux de valeur.

Voici toute une collection de pots, de chandeliers, de sucriers, d'autres récipients encore, de forme originale, en vieil étain ciselé. Il y a là une douzaine de pièces que je viens de découvrir en dessous d'un vieux comptoir. Je pourrais avoir le tout pour 10 pesetas. Une misère, quoi! Je connais bien des personnes qui se jetteraient sur ce lot, comme un chat sur une souris. Mais cela ne me dit rien et je passe!

Que de serrures, que de serrures! Il y en a des milliers et des milliers, et de toutes les formes et de toutes les grandeurs. De minuscules pour cadenas et d'énormes pour portes de prison. Et il y en a partout. C'est ce qu'il y a de plus au marché, ainsi que de vieilles bottines éculées. J'en vois suffisamment pour chausser tout Madrid. Entrons dans le quartier des vieux meubles. Que de lits, que de tables, que de chaises, que d'objets en bois dont je ne soupçonne même pas l'usage! Puis, voici l'hôpital des vieilles ferrailles. Il y a de quoi alimenter un haut fourneau pendant bien des semaines. Voulez-vous de vieux canons, de vieux engrenages, de vieilles poulies, de vieilles machines, de vieux instruments, de vieilles casseroles? Faites votre choix, il y en a pour tous les goûts et pour toutes les bourses. Et tout cela se trouve dans de la rouille, de la boue, de la saleté. Mais voici qui m'intéresse davantage. Des tas de livres jonchent le sol, les uns ouverts, les autres déchirés lamentablement. Vous en examinez un, puis vous le rejetez sur le pavé. Il y a de jolis missels et de gros in-folio. Je cherche des manuscrits avec enluminures, mais je ne trouve rien. Il y en a de tous les pays, de toutes les langues, de toutes les sciences. Je puis acheter trente volumes de Châteaubriand, bien reliés, pour 8 pesetas. Je bouquine et je passe là une heure délicieuse. Je quitte enfin ce marché original, que je ne reverrai plus, par le coin des vieilles nippes, vieux chapeaux défoncés, vieilles culottes trouées.

Avant de quitter Madrid, je me rends une dernière fois au musée du Prado, pour jeter un rapide coup d'œil d'ensemble sur les plus beaux tableaux que j'y ai admirés.

La galerie qui me tente le plus est celle de Rubens. Est-ce affinité de race, de tempérament, ou est-ce par suite d'éducation? C'est toujours le maître que je comprends le mieux, c'est devant ses toiles que je reste le plus en contemplation. Quel génie, quel penseur, quel maître du coloris et de la perfection dans l'art! Quelle puissance de conception, de création et de travail! Quel Titan!

L'école italienne est représentée surtout par

GRENADE. — ALHAMBRA, COUR DES LIONS.

des toiles du Titien. Ses madones n'ont jamais habité sur terre, elles n'ont jamais quitté le ciel. Voici le portrait d'un cardinal par Raphaël. On pourrait rester toute sa vie à contempler ce chef-d'œuvre. On ne peut imaginer plus de perfection. Cet homme vit, il vous parle. Je pense que la nature a été surpassée. On ne peut admirer une peau plus fine, plus vivante, des yeux plus intelligents, une figure plus douce, plus empreinte de vertus. Je crois réellement que le cardinal n'avait pas de son vivant, cette expression divine dont Raphaël avec son génie a auréolé son front comme représentant de Dieu sur la terre.

Les galeries les plus belles, les plus complètes sont celles des maîtres espagnols : Ribera, Murillo, Vélasquez. Ce sont trois génies bien différents. A mon humble avis, ils ne forment pas à eux trois la même école. Vélasquez est trop différent des deux autres. C'est un maître de la peinture qui a voyagé beaucoup en Italie et qui a dû subir bien des influences. Ce qu'il sait rendre surtout, c'est l'expression et la pensée. Sa toile *les Ivrognes* est la plus réaliste des bambochades que j'aie jamais vues. *Les Fous de la Cour* sont rendus en plusieurs toiles avec tant de vérité et de talent qu'on sait distinguer immédiatement le fourbe du fou bon enfant, l'esprit pétillant du fou cruel.

Certains portraits de princes sont étranges. Il leur a donné, au milieu d'un coloris intense, une figure pâle, blanche, livide, mais les yeux et la physionomie rendent bien la pensée du personnage. Dans une petite salle à part se trouve un seul de ses tableaux, immense, *les Ménines* (la famille). On semble voir cette toile dans un stéréoscope. Les enfants se détachent au premier plan dans un salon, et, derrière eux, là-bas, le peintre contemple son œuvre. On ne peut voir de toile ayant plus de perspective. J'ai beaucoup admiré aussi *la Reddition de Bréda*. Spinola reçoit avec tant de dignité la soumission de Justin de Nassau, que l'on ne sait lequel est le plus noble, du vainqueur ou du vaincu.

Ribera est reconnaissable dans toutes ses toiles. Ce ne sont que des scènes de meurtre et d'expiation. La mort y est représentée presque sur toutes en clair, avec des ombres très noires qui donnent beaucoup de relief aux corps, mais qui jettent une note lugubre sur tous ses tableaux.

Murillo procède d'abord du même genre, mais on sent déjà un artiste plus maître de son art. Les corps sont encore mieux modelés. Puis il modifie son système et donne à ses vierges, qu'il peint avec beaucoup de réalisme en vraies femmes et non en madones italiennes, un coloris que personne n'a pu imiter.

Voilà en somme ce que l'Espagne, au contact de la Renaissance italienne et des voyages des maîtres flamands amenés par Charles-Quint et Philippe II, a produit de mieux en fait de peinture.

Deux siècles plus tard, Goya fut le continuateur de cette peinture froide, lourde, d'un ton noir des Ribalta, Zurbaran, Ribera, El Greco, Herrera. Mais il avait l'âme satirique d'un Cervantès. Il a peint les travers des nobles. Il fut parfois brutal jusqu'à l'horreur, comme dans ses *Désastres de la guerre*. Dans ses effrayants *Caprices*, il est grotesque ; ses nudités : *Maya Vestidu* et *Maya des Nudu*, sont souverainement belles.

Parmi les modernes, il faut citer Moréno Carbonéro, Cassado, Madrazzo. Eux aussi, préfèrent encore de nos jours les sujets de carnage et de mort. C'est de l'atavisme. Le sang maure qui peut-être circule dans leurs veines ne leur donne que des idées de bravoure et de meurtre. Ce mélange de races n'explique-t-il pas l'éclosion de ces féroces inquisiteurs espagnols ?

Il ne faut pas quitter le musée de Madrid sans admirer les toiles mystiques de Jérôme Patenier, né à Dinant, un des rares peintres de la Wallonie. Puisque nous sommes sur le chapitre « art », examinons ce que ce pays a produit dans les autres domaines. En musique, rien ! La race latine abâtardie a perdu son génie. De nos jours, il n'y a de concert nulle part. Je n'ai presque pas entendu de musique depuis mon arrivée sur la terre d'Espagne. Je n'entendrai dans tout mon voyage que tambourins et castagnettes, instruments essentiellement arabes.

L'architecture et la sculpture sont liées comme partout à l'histoire du pays. Celle-ci est beaucoup plus simple à comprendre et à étudier que la nôtre. Je vais me permettre de la rappeler brièvement en même temps que j'indiquerai les principaux monuments construits aux différentes époques.

Le peuple primitif, les Ibères, se réunit aux Celtes venus du Nord, notamment de la Belgique. Ces deux peuples avaient, paraît-il, beaucoup d'affinité et devaient avoir la même origine orientale. Les uns étaient venus par le nord de l'Afrique et les autres par les plaines du centre de l'Europe. Ils s'assimilèrent vite pour former les Celtibères. Carthage fit la conquête de l'Espagne, mais les Romains en firent bientôt une province de leur empire (environ deux siècles avant J.-C.). On rencontre encore partout de nombreux vestiges des travaux d'utilité publique entrepris à cette époque, notamment l'aqueduc de Ségovie.

Les Basques maintinrent seuls leur indépendance à travers les âges et aujourd'hui encore leur race est pure.

Vers l'an 400, les Visigoths soumirent les Romains venus très nombreux dans le pays. Récarède, un de leurs chefs, devint le premier roi catholique d'Espagne en l'an 600. De cette période, il reste quelques églises, notamment celle de San Pablo, à Barcelone.

Vers 700, les Espagnols tombent sous la domination des Maures, sauf les royaumes d'Asturie et le pays des Basques qui conservent leur autonomie. Pendant les xe, xie et xiie siècles, il y a lutte partout entre Maures et chrétiens. Ceux-ci réussissent dans le Nord à former des royaumes indépendants : Asturie, Galicie, Navarre, Aragon, Léon, Castille. En 1037, Ferdinand Ier réunit les couronnes de Castille et de Léon. En 1100, Alphonse VI de Castille prend Tolède et Valence aux Maures, grâce à la bravoure du Cid. En 1470 eut lieu la réunion de la Castille et de l'Aragon, par suite du mariage de Ferdinand et d'Isabelle la

Catholique. Ceux-ci prirent Grenade et mirent fin à la domination arabe, pendant que Torquemada brûlait et anéantissait les hérétiques.

Pendant ces six ou sept siècles de luttes continuelles entre chrétiens et Maures, ceux-ci restèrent maîtres absolus du sud de l'Espagne. C'est alors qu'ils construisirent leurs superbes mosquées et leurs châteaux. Leur architecture ne fut pas brillante. Ils n'imaginèrent qu'un motif : les colonnes fluettes surmontées du cintre en fer à cheval. Mais ils furent des maîtres incomparables dans l'art de la décoration. Extérieurement, les bâtiments sont laids, mal construits, sans résistance; à l'intérieur, ce sont des bijoux.

Vers le xie siècle, sous l'influence des ordres français de Cluny et de Citeaux qui voulaient régénérer la vie monacale tombée partout, même dans nos provinces flamandes, dans la débauche et la licence, on voit apparaître dans le Nord la construction de jolies églises en style roman, et notamment la belle cathédrale de Saint-Jacques de Compostelle. Vers le xiiie siècle, l'influence religieuse française se faisant de plus en plus sentir, on construit les cathédrales gothiques de Burgos, de Tolède, de Léon.

Au xve siècle, avec l'époque grandiose des rois

catholiques, on voit apparaître la Renaissance. De cette époque datent les cathédrales de Grenade et de Malaga.

Le xvie siècle voit l'apogée de l'empire espagnol avec Charles-Quint et Philippe II, deux génies élevés et éduqués en Flandre. La conquête du Mexique, du Pérou, du Chili s'accomplit aussitôt après la découverte de l'Amérique par Christophe Colomb. Puis commencent, la guerre de Succession, les guerres contre la France, contre l'Angleterre. En 1808, les armées de Napoléon conquièrent l'Espagne.

Abolition du saint Office en 1812. Il fonctionnait depuis l'an 1500. On prétend qu'un million d'hérétiques furent brûlés selon ses ordonnances et environ un million de juifs expulsés.

Enfin, pour finir l'héroïque épopée de l'Espagne : au xixe siècle la guerre des carlistes, lutte fratricide qui, dans toute l'histoire, fut toujours l'indice de la décadence d'un peuple. Puis vint l'agonie : l'Amérique lui prit Cuba, la perle des Antilles ; l'Espagne perdit le plus beau et le dernier joyau de sa couronne.

Pauvre et malheureux pays ! Il est mort de trop de vaillance. Il fut en lutte continuelle pour défendre son sol ou pour conquérir la gloire. Il

fut héroïque dans la plus noble acception du mot.
Honneur à lui! Mais tant de gloire lui valut la
ruine, la misère. Les campagnes dévastées, les
forêts sapées pour les besoins de la guerre : le
pays devint stérile. Le nouveau monde lui prit
le meilleur de sa population, ce rude paysan que
la terre ne pouvait plus faire vivre. Ajoutez à cela
l'expulsion des juifs, l'extermination des hérétiques et on arrive au chiffre fantastique de qua-
rante millions d'hommes qui abandonnèrent de
gré ou de force la mère patrie, pendant les XVIe et
XVIIe siècles. Il ne restait plus que les fonctionnaires! Comprend-on maintenant la décadence de
ce peuple! Et qu'on n'oublie pas l'influence funeste
du sang arabe mélangé au sang latin, annihilant le
génie de deux races glorieuses. Pour avoir trop
exalté la bravoure pendant des siècles et des
siècles, quand l'âge de la force brutale disparut, le
néant seul subsista.

L'Espagne se trouve-t-elle à l'aube d'une époque
nouvelle? La race pourra-t-elle se régénérer
bientôt? Le problème est complexe.

Mais nous nous éloignons de l'histoire et de l'art!

Napoléon, comme partout ailleurs, a laissé ici
des traces profondes de son passage. En même
temps que ses armées portaient dans l'Europe

GRENADE. — LES REMPARTS DE L'ALHAMBRA.

entière les idées de liberté et de justice de la grande révolution, lui, génie incomparable, gravait l'empreinte de ses pas dans le granit. Il faisait construire des routes, des monuments, faisait exécuter des travaux de grande utilité. Il coordonnait l'ensemble des institutions, rendait les gouvernements responsables, les centralisait, coodifiait les lois et les coutumes, et donnait à tous les pays la première idée d'unité. Partout en Europe, j'ai vu les traces encore fraîches du passage de cet aigle.

En général, les monuments des différentes périodes que nous venons de parcourir ont été construits sous l'influence d'artistes étrangers. Pour la sculpture, il en fut de même. Il faut cependant citer Damien Forment (1533), Martinez Montanes (1649), Alonzo Cano (1667), qui fut en même temps un peintre de talent. Il sculpta en bois le beau retable de la cathédrale de Grenade. Après ces trois artistes qui travaillèrent le pur gothique, il en vint d'autres, étrangers, qui inventèrent les styles baroque, plateresque, monstruoso. Il est préférable de ne pas les tirer de l'oubli.

La littérature a eu quelques écrivains de talent : Lope de Vega, Calderon, Cervantès. Ce sont des artistes originaux, isolés, qui ne firent pas école.

Goya et Cervantès sont, à mon avis, les vrais représentants de la mentalité espagnole des derniers siècles. Ils n'atteignent pas le pur génie d'une race. Ils sont les symboles de ce peuple mi-arabe, mi-espagnol, ayant encore au front le souvenir de la grande épopée, au temps où les deux races se ruaient l'une contre l'autre. Puis elles s'en allèrent à la dérive, cherchant chacune l'étoile primitive qui les avait guidées à travers les âges, ne la retrouvant plus, et, comme des ilotes ivres, finissant par s'étourdir et se complaire dans le grotesque.

L'Escurial, le 6 mars 1906.

De Madrid à l'Escurial, il y a deux heures de chemin de fer. Le pays est aride. On traverse presque tout le temps, des éboulis de roches blanchâtres qui se sont noircies au passage des siècles. On dirait des moraines suisses. Dans les ravins, sur le flanc des collines, des blocs gigantesques, de formes bizarres, gisent pareils à des châteaux forts. Venus de la Sierra, qu'on n'aperçoit pas encore tellement elle est loin, ils auront roulé pendant des milliers d'années, ainsi que l'attestent leurs vieux dos usés, arrondis.

Le village de l'Escurial se trouve adossé à la Sierra Guadarrama. De la gare, il faut gravir 5 à 600 mètres de hauteur pour y arriver. Cinq mules vigoureuses nous transportent en haut, en galopant. A cause de la proximité de hauts plateaux neigeux, en été, la température y est fraîche. Aussi les petites bourses madrilènes y viennent-elles chercher un peu d'air vivifiant.

Figurez-vous un grand cube de granit rectangulaire. Placez-le au milieu d'une immense cour dallée du même granit gris-brun, sans nuance précise ; entourez cette cour d'une rangée de bâtiments rectangulaires édifiés avec la même pierre,... et vous aurez construit le palais de l'Escurial.

Rien n'est plus monotone ni plus triste.

Il a fallu transporter toute une montagne, la dégrossir, l'équarrir, aligner les blocs les uns au-dessus des autres. A l'intérieur, vous passez d'un couloir dans un autre, de l'église au Panthéon, des cloîtres dans la cour : vous êtes toujours entouré du même granit. Il y a des piliers massifs hauts de 10 mètres qui ont 8 mètres de côté. On dirait que Philippe II a voulu entasser sur lui des montagnes entières pour fuir ses remords, comme Tubalcaïn dans la *Légende* de Victor Hugo :

> Et cet œil me regarde encore !

Et cependant je ne crois pas que cet homme ait jamais pensé aux crimes et aux tortures commis en son nom. Il était trop pénétré de sentiments religieux et pensait accomplir sur cette terre un apostolat, agréable à son Dieu!

Ce fut un homme doué d'une rare énergie, à qui il faut savoir rendre justice. Il fut un travailleur infatigable, un administrateur de grand talent. Il organisa des armées et des flottes telles qu'on en avait jamais vu. Il fit construire des palais, des cathédrales, des ouvrages d'utilité publique. Il centralisa tous les rouages d'un empire immense. Il appela auprès de lui des savants, des artistes des Flandres et d'Italie. Et après avoir fait tant de choses géniales, lui l'ascète, l'homme austère, il se fit construire cet immense Escurial pour s'y enfermer comme dans un couvent. Le centre fut une église qu'il fit décorer des marbres les plus précieux, et en dessous, le tombeau des rois. Le plan d'ensemble a la forme de la grille de Saint-Laurent.

L'appartement qu'il habitait pendant les dernières années de sa vie est encore là, tel qu'il se trouvait le jour de sa mort. Deux petites fenêtres grandes comme des lucarnes donnent sur un jardin planté de massifs de buis; à l'intérieur, une petite porte basse communique avec le chœur de l'église. Son vieux coffre-fort est encore là et aussi ses gros missels, sa bibliothèque, son antique fauteuil. Son alcôve ressemble à une niche de tombeau dans le mur. Pour avoir de pareilles idées d'humilité, il fallait qu'il fût un grand penseur! Le panthéon des rois est construit de marbres rares. Les trente sarcophages précieux s'alignent, numérotés. Il serait bien curieux de lever l'un des couvercles, pour voir ce qu'est devenue la belle et grande figure de Charles-Quint! Rien qu'un peu de poussière, probablement!

A côté se trouve le panthéon des infants et des infantes qui n'ont pas régné. Il est récent et est tout en marbre blanc de Carrare. Les sarcophages sont tous sculptés différemment et rappellent les plus belles œuvres du Campo Santo, de Gênes.

Au fond, une grande croix haute de 2 mètres, toute en or massif, est parsemée d'émeraudes, de rubis, de saphyrs. Elle est simple, mais elle est de toute beauté. Combien je la préfère à toutes celles, ouvragées, des siècles passés, que l'on m'a fait voir dans les diverses cathédrales d'Espagne.

En haut, dans le chœur de l'église, il y a une autre croix que j'ai beaucoup admirée aussi. C'est un christ, grandeur d'homme, en marbre blanc, sculpté par Benvenuto Cellini. C'est un pur chef-d'œuvre!

Nous sortons enfin de ce vaste sépulcre. Dehors il pleut et il fait froid. Le paysage est gris et la montagne est sombre. Brrr, que c'est lugubre, l'Escurial !

Nous dévalons la colline à pied. Après avoir traversé un parc insignifiant, nous arrivons devant un petit pavillon appellé *Casa del Principe*. L'intérieur forme le plus joli petit écrin que l'on puisse imaginer : de petites salles à manger, de petits boudoirs, de petits salons, de petites chambres à coucher sont tendus des soies brochées les plus chatoyantes. Les parquets en bois précieux sont recouverts de tapis soyeux et décorés ainsi que des tapisseries de valeur. Les plafonds sont en bois incrustés d'or et d'ivoire. Les tables, les escaliers, les cheminées sont en marbre, agathe ou porphyre. Les portes et les fenêtres sont petites, mignonnes, entourées de velours de couleurs tendres, avec, dans les coins, de petits médaillons de soie. Partout, aux murs, sont appendues des œuvres d'art du meilleur goût et dans le style de cette jolie bonbonnière. De petits marbres finement ciselés, des tableaux sculptés dans l'ivoire, de jolies peintures fines et légères dans des cadres d'or fin, telles des œuvres de Watteau ou de Fragonard, des reproductions de fleurs et d'oiseaux en porcelaine transparente, biscuit d'Espagne dont on a perdu le secret de fabrication, des tapisseries faites en plumes et représentant les plus jolis spécimens d'oiseaux des Iles, tout est frais et délicat. Les meubles sont sveltes, élégants, de l'époque de Louis XV. Il y a des chaises de toute beauté recouvertes d'une soie aux reflets changeants et dont le style est propre à ce palais-miniature. Émerveillé, on s'arrête à chaque instant, attendant l'apparition de la jolie princesse, de la fée qui habite ce précieux écrin.

GRENADE. — LA GENERALIFE.

Tolède, le 7 mars 1906.

De Madrid, nous filons aujourd'hui vers le sud, vers le soleil dans lequel je vais bientôt voir flamboyer la Tolède de mes rêves, ainsi qu'une fine lame d'acier doit étinceler au fort des batailles.

La plaine de Castille est ondulée, grisâtre, caillouteuse, sans un arbre. Les monts de Tolède, venant d'ouest, s'abaissent brusquement et pénètrent dans cette plaine en un puissant éperon de rochers gris-noirs, que contourne le Tage. On dirait que la pointe extrême, en dévalant de la montagne, est venue se buter au fleuve, l'a enjambé et s'est écroulée dans la plaine en une bosse ronde sur laquelle Tolède s'étage.

Du côté de la montagne, le torrent profondément encaissé entoure la ville aux trois quarts ; du côté de la campagne, de hautes murailles se dressent puissantes ; elles sont l'œuvre des Romains, des Visigoths, des Maures et des chrétiens. De la gare, dans la plaine, on ne voit en arrivant qu'un amas de grandes constructions brunes dont deux paraissent formidables : la Cathédrale et l'Alcazar. Telle que Tolède se présente d'abord à ma vue, elle est l'image vivante du moyen âge. Le pont d'Alcantara qu'on traverse est flanqué de deux grosses tours à chaque extrémité ; elles sont reliées entre elles par des arcades, que ferment des portes formidables couvertes d'énormes clous ayant la forme de têtes d'animaux. Puis on monte et l'on traverse une troisième porte, percée dans la muraille d'enceinte.

La ville paraît déserte ; les rues montent et descendent, étroites, bordées de maisons austères. La place centrale, en forme de triangle, se nomme le *Socco Dover*. Les cafés sont tristes, vieux, délabrés. A chaque coin de rue, on pense voir apparaître des chevaliers bardés de fer. L'on a peur de faire du bruit, de crainte de réveiller les preux du moyen âge qui dorment à l'ombre de ces vieilles maisons de pierre. Les passants sont rares. Les vivants sont cachés probablement dans des poternes, mâchicoulis ou donjons de garde. *L'Hôtel de Castille* seul jette une note gaie au milieu de cette cité en grisaille. Il est neuf, il est frais avec ses quatre façades blanches en style mauresque. A l'intérieur, une cour recevant la lumière d'en haut forme un joli *patio*.

A côté du *Socco Dover* se trouve la maison de Cervantès, une ancienne petite *posada* de muletiers. Il aura vu arriver là bien des types étranges, montés sur des ânes, des mules ou des chevaux, ou conduisant des attelages préhistoriques et poudreux. C'est probablement en entendant raconter les prouesses, les vantardises des voituriers, brigands ou seigneurs, que lui sera venue l'idée de son *Don Quichotte*.

En passant par la rue del Commercio, la moins morne de la ville, pour me rendre à la cathédrale, je rencontre deux types extraordinaires que l'on me dit être des gardes-chasse. Ils sont petits, gros, ventrus. Ils sont vêtus tout de rouge. Leur longue jaquette traîne presque à terre. Ils ont une énorme moustache rousse et portent en bandoulière une grande espingole; au côté, un long couteau effilé est retenu par des buffleteries blanches. La tête est coiffée d'un grand chapeau chevau-léger ornementé d'une longue plume rouge. Ce sont sans contredit les dignes descendants de Sancho-Pansa. Ils doivent effrayer plutôt le gibier que les braconniers.

L'intérieur de la cathédrale, construite vers l'an 1100, en style gothique, donne une impression de grandeur et de majesté. Le transept est superbe, le retable du maître-autel, en bois peint et doré, a été érigé sous le cardinal Ximénès; les figures sont de grandeur naturelle. En Espagne, dans toutes les cathédrales, il y a ceci de particulier : la *capilla mayor* (chapelle du maître-autel) et le *choro* se trouvent dans la nef centrale et sont séparés par le transept. Cela forme deux petits édifices distincts qui montent jusqu'aux voûtes du temple. En général, le *choro* s'avance assez loin, jusqu'au centre, et même au delà de la cathédrale. Derrière la *capilla mayor*, toute une série de chapelles contournent l'extrémité de l'édifice.

Le bel effet produit par l'élévation des piliers, la sveltesse des voûtes, la longueur des nefs est presque toujours considérablement amoindri par suite de cette disposition. Les cathédrales paraissent plus petites et plus sombres. C'est grand dommage.

Les stalles du chœur, en noyer sculpté, séparées par des colonnes de jaspe à base d'albâtre, sont de toute beauté.

Le trésor se trouve dans la chapelle Saint-Jean. On y voit surtout une *Custodia*, haute de 3 mètres, toute en argent, pesant 172 kilos. Elle est ornée de deux cent soixante statues en argent doré et est terminée au sommet par une statuette pesant 2 kilos environ faite avec le premier or rapporté d'Amérique par Christophe Colomb.

En face de la cathédrale se trouve le palais du cardinal-primat d'Espagne, le plus haut dignitaire de l'Église.

L'Alcazar (château fort arabe) couronne le point le plus élevé de Tolède. Après la prise de la ville par Ferdinand VI, le Cid y résida en qualité de gouverneur. C'est une masse énorme et sans élégance, qui a servi de forteresse à tous les occupants de Tolède. On y retrouve le travail des Romains, des Visigoths, des Maures, des chrétiens. Il sert actuellement d'École militaire. J'ai vu là une centaine de jeunes gens qui se destinent au métier des armes. Ils ont l'air très bien. Il y a beaucoup de soldats dans toutes les villes d'Espagne. Ils sont tous fils du peuple, le bourgeois se faisant remplacer pour 1,500 pesetas. Je les ai trouvés toujours propres et soignés, mais le goût parfois grotesque des Espagnols perce dans certains détails. Ils ont presque tous des gants en grosse laine du plus beau vert. Avec leurs petits shakos gris, en forme de triangle, garnis d'un plumet couleur garance, avec leurs culottes rouges et leurs vestes bleues, les petits soldats espagnols, quand ils ont mis leurs gants verts, ont l'air de jolis perroquets qui s'en iraient trottinant, un sabre au côté.

A côté de la vieille église *San Juan de Los Reyes* dont la façade est couverte des chaînes des captifs délivrés par les rois catholiques, se trouvent un cloître de style gothique de la plus grande pureté de lignes et une jolie petite mosquée aux colonnes fluettes et élégantes.

Avant de quitter Tolède, je m'en vais la contempler de là-haut, dans la montagne. Je passe le Tage sur le beau pont de Saint-Martin et je monte au milieu de gros blocs de rochers grisâtres. Le chemin grimpe en lacets.

La ville se trouve maintenant en dessous de moi. Je reste longtemps rêveur, en contemplant ce débris du passé. Pauvre Tolède qui n'a plus maintenant que 20,000 habitants, alors que du temps des Arabes deux cent mille personnes se pressaient dans ses murs !

Les chants des poètes ont menti ! Tu n'es pas la blanche vision que je m'étais imaginée. La montagne grise, à mes pieds, tombe à pic dans le Tage aux eaux verdâtres. De l'autre côté du fleuve, la masse granitique remonte et forme un dôme jaune cuivré couvert d'un fouillis de toitures et de bâtisses couleur d'amadou. Cet enchevêtrement de murs et de tuiles monte, se penche, se déverse d'un côté, forme comme un creux au centre, puis grimpe au sommet, couronné d'un diadème de tours d'églises et de flèches de cathédrales. Les derniers rayons sanglants d'un soleil qui se meurt là-bas dans les rochers de Tolède, éclairent le tout d'une nuance dorée, font se détacher dans l'air pur et léger d'ici, en lignes nettes et avec une grande âpreté de contours, les blocs de granit sous mes pieds, le torrent qui semble une large ceinture noire autour du mont roussi par les siècles, couvert de donjons, de tours, de hautes murailles, et enfin, là-bas, au fond de l'horizon, ils illuminent une rangée de petites collines qui s'estompent dans un ciel d'or.

Quelle jolie sanguine à ébaucher !

Cordoue, le 8 mars 1906.

Me voici sous le beau ciel d'Andalousie! Depuis des années et des années, ai-je assez pensé à la splendeur rayonnante de tes monuments, au parfum de tes fleurs, au charme de tes belles filles, ô beau pays de mes rêves!

Oh! pourvu que mes illusions ne prennent pas encore le chemin que tant d'autres ont pris.

Ainsi je pense au fond de ma petite couchette de sleeping-car, pendant que le train roule, roule...

Je m'éveille au milieu des splendides jardins d'Aranjuez. Nous ne nous y arrêtons pas. — 5 heures du matin. — Cordoue!!

Nous sommes cinq voyageurs à descendre : Une famille anglaise et moi. Nous nous rendons à l'hôtel Suizo pour nous débarbouiller. L'omnibus

MALAGA. — VUE VERS LE PHARE.

roule par des routes impossibles. Les deux jeunes miss, qui ont plutôt l'air de Françaises, petites, grassouillettes, aux cheveux noirs, rient de bon cœur en me voyant effrayé dans mon coin. Toute la famille parle d'ailleurs français et nous nous proposons de visiter ensemble la ville très rapidement, pour pouvoir reprendre le train de 11 heures. Un rayon de gai soleil nous accueille à notre descente de voiture.

Et nous voilà trottinant dans la ville. Elle est blanche et propre. Les rues sont encore désertes, mais elles respirent la joie et la gaieté.

Le milieu est pavé de cailloux pointus. Les deux côtés sont dallés.

Au-dessus des murs blanchis à la chaux, les orangers et les citronniers avancent leurs têtes curieuses et il y a de gros yeux rouges et jaunes qui nous regardent.

A certains carrefours, de jolis petits squares sont bien entretenus. Ils sont plantés de palmiers et d'orangers.

Les portes des maisons commencent à s'ouvrir et l'on peut apercevoir les cours intérieures dallées blanc et noir, formant des *patios* élégants, défendues par une grille dorée ou argentée, au milieu desquelles se dressent des fontaines en marbre entourées de plantes vertes et de fleurs. Des jeunes filles arrosent et arrangent en chantant. Elles ont toutes une fleur piquée dans leurs beaux cheveux noirs : rose ou géranium rouge pour les plus jeunes, jasmin blanc pour les autres.

La vie doit être ici calme, ensoleillée, comme figée à l'ombre de la grande mosquée.

Celle-ci, malgré son rectangle de murs babyloniens de 10 mètres de haut sur $2^m,5o$ d'épaisseur, ne paraît pas triste. On reste étonné devant cette construction colossale de 175 mètres de long sur 13o mètres de large avec des contreforts aux murs qui ressemblent à des tours.

Mais la pierre semble dorée, ambrée, patinée par le temps et ne donne pas cette impression lugubre de l'Escurial ni celle mélancolique de Tolède.

On entre dans la cour intérieure et comme d'un coup de baguette magique, nous voilà transportés en plein Orient. Dans une cour immense croissent des palmiers, des dattiers, des orangers. Des fontaines, à rez de sol, communiquent entre elles par de petites rigoles de marbre blanc. L'eau court, jabotant, de l'une à l'autre. Elle fait glou-glou à certains tournants et l'on se figure entendre le murmure d'un ruisseau, s'enfuyant à travers bois.

En pénétrant dans la mosquée, il semble que l'on soit descendu jusque dans le lit d'un oued saharien, au fond duquel coule le mince filet d'eau. Les palmiers ont poussé plus touffus, plus rapprochés, à cause de la fraîcheur. Quelques rayons de soleil filtrent avec peine à travers les feuilles enchevêtrées et laissent voir sous ce dôme de verdure, de grands bras ouverts et pendants qui viennent se reposer sur toute une enfilade de colonnes légères, troncs élégants des palmiers.

C'est ce que l'Arabe, ayant toujours dans les yeux la vision du désert, a voulu imiter.

Les colonnes sveltes de marbre, jaspe ou porphyre d'une seule pièce, sont au nombre d'un millier. Elles sont reliées entre elles par des voûtes en forme de fer à cheval, en pierres alternées blanches et rouges.

Les plafonds des nefs sont en bois sculpté avec incrustations d'ivoire. Les plus beaux motifs d'ornement ont été pillés par les chrétiens, et la plupart des toitures des maisons de Cordoue sont construites avec des bois précieux, fouillés par des artistes orientaux. Tout ce qui était revêtement de marbres rares a disparu. Au centre, les rois catholiques ont fait élever des murs entre les colonnes, en ont fait disparaître beaucoup et ont érigé un *choro* et un *capilla mayor*, qu'ils ont surmonté d'une vaste coupole détruisant à tout jamais la perspective des colonnes de la mosquée. Un sacristain a voulu me montrer la richesse du retable. Je lui ai tourné le dos, méditant les paroles de Charles-Quint au « chapitre » lors de sa première visite : « Si j'avais su ce que vous vouliez faire, vous ne l'auriez pas fait, car ce que vous faites là se trouve partout et ce que vous aviez auparavant n'existe nulle part dans le monde. »

Un mihrab (niche oratoire dont l'axe est tourné vers La Mecque) a été heureusement conservé. C'est une merveille de l'art mauresque. L'entrée est formée d'un bel arc arabe. Les murs sont revêtus de marbre de différentes couleurs et de mosaïques diaprées. La coupole, haute de 9 mètres, est creusée en conque dans un seul bloc de marbre. Elle est soutenue par une galerie de colonnettes vert et blanc en marbre. Le sol est dallé de marbre blanc. On ne peut rien rêver de plus riche et de plus élégant.

De la mosquée, il n'y a qu'un pas pour être sur le vieux pont construit du temps des Maures, sur le Guadalquivir. Pauvre rivière presque asséchée, tu fus cependant navigable alors que la Sierra de Cordoba et toutes les sierras d'Espagne étaient boisées. Tu répandais la fertilité dans toute la vallée par des irrigations bien comprises. Aujourd'hui tout cela est loin dans le passé. Te souviens-tu du temps où tu arrosais les délicieux jardins de l'Alcazar qui étaient des merveilles de végétation? Ils s'étendaient dans toute la plaine que voilà, maintenant sèche et aride.

Ils étaient divisés en quatre-vingts jolis jardinets au centre desquels s'élevait une tour. Chaque tour était habitée par une favorite du puissant chef. N'as-tu pas souvenance de ces belles sultanes, au corps d'albâtre, au charme exotique!

Je regarde les petites Anglaises qui écoutent le guide. Elles sont jolies, elles aussi. Et elles rient gentiment quand leur père dit : « Quelle famille compliquée! Bon Dieu! »

Maintenant il nous faut nous quitter. Elles vont à Séville, moi à Grenade. Les deux trains partent en même temps et vont parallèlement dans la même direction. Une haie épaisse d'aloès nous sépare. Que d'épines déjà jetées entre nous! Un dernier signe d'une portière à l'autre. Je descends vers le sud, et j'entrevois encore le petit mouchoir flotter, là-bas, bien loin, qui s'en va tout droit, devant lui. Puis, plus rien! Je songe aux sensations brèves, délicieuses, qui ne durent qu'un moment, mais qui laissent après elles dans le souvenir, comme une petite trace légère, fleurant bon, toujours.

En route pour Grenade.

Dans ce pays, la plaine est toujours ondulée, jamais plate. La campagne est verte, là où pousse déjà le blé. Au milieu de ce vert, d'innombrables tapis rouge sang, terre ferrugineuse, qui attend les prochains emblavements de betteraves. De grands bâtiments, tels qu'on en voit dans nos pays wallons, s'allongent au sommet des collines et dominent la plaine. On les dirait badigeonnés d'ocre brun. Des animaux sont parqués de-ci de-là en troupeaux d'ébène ou d'acajou. Les porcs sont noirs, très noirs. Des bœufs sont de la même teinte, d'autres ont un beau pelage brun clair. De loin, ces bêtes qu'on ne voit pas se mouvoir, paraissent sorties d'une boîte de jouets de Nuremberg, tant les couleurs sont vives et éclatantes.

A Bobadilla, point de bifurcation de quatre grandes lignes, il faut changer de train pour Grenade. Les compartiments regorgent de valises et de colis anglais. Il y en a sur toutes les banquettes et ils ont l'air d'appartenir à tout le monde. Personne ne répond quand on demande quel en est le propriétaire. Si, perdant patience, vous en faites dégringoler quelques-uns pour pouvoir prendre place, une dame longue, sèche, rousse, avec de longues dents pointues ou un monsieur en bas de laine et culotte, chaussé de souliers ferrés, se lève rageur et bougonne pendant un quart d'heure! Ah! quels compagnons de voyage désagréables et insupportables! Il est vrai que tout le sud de l'Espagne appartient aux Anglais! Nous traversons toujours la plaine tortueuse et morne, sans un arbre, sans une route.

Il fait soir quand nous arrivons à Grenade. Les rues paraissent animées, mais n'ont aucun caractère spécial. Nous montons, nous montons fort longtemps jusqu'à l'hôtel Irving qui voisine avec l'Alhambra.

Grenade, le 9 mars 1906.

Je me lève très tôt; la nature paraît en fête. C'est le printemps. Le soleil est chaud déjà, quand je traverse le parc qui sépare l'hôtel de l'Alhambra. C'est un reste des anciens jardins des rois maures. Il s'étage aux flancs de la colline de l'Assabica, dont le sommet à certaines époques fut irradié de tant de gloire ! De petits ruisseaux longent chaque avenue et l'eau qui vient de la montagne, descend dans la ville alimenter les fontaines publiques. Des rossignols chantent les beaux jours revenus, dans les grands ormes dont la puissante ramure semble protéger les arbustes et les fleurs qui poussent à leurs pieds.

Je traverse des murs d'enceinte, énormes, par de vieilles portes élégantes; et me voici en haut de l'Assabica, au milieu de ces constructions

MALAGA. — QUARTIER DES GITANOS.

monstrueuses de l'Alhambra. Mes yeux cherchent les merveilles qu'ont laissées dans mon souvenir, la lecture des récits de voyage, les reproductions d'art. Je ne vois que de hauts murs informes, crénelés et vétustes, montrant leurs vieilles faces sillonnées de lézardes, très larges, dans lesquelles poussent des épines rouges et des cactus. Mais ils sont d'une jolie couleur rouge foncé, ou de grenadine morte. De grosses tours rondes ou carrées s'élèvent à 10 mètres de haut tout autour du plateau qui forme l'Alhambra.

Encore une de mes belles visions qui s'en est allée ! Mes illusions s'égrènent ainsi tout le long du chemin de ma vie !

Je passe près du grand palais inachevé de Charles-Quint, tout en pierres jaunâtres. Il ne lui manque que sa toiture. Il est solidement bâti ; dans des siècles et des siècles il sera encore le même et les morsures du temps ne pourront pas lui faire grand mal. A côté, l'œuvre des Arabes, faite de bois et plâtre, s'écroule tous les jours, un peu plus.

Voici devant moi l'Alcazar, le palais des rois maures. Extérieurement il est informe, mais la teinte rosée des briques le rehausse à mes yeux.

Après avoir traversé un corridor sombre, on se croit transporté tout d'un coup dans un de ces palais de rêve, des *Mille et une Nuit*. Tout autour de la cour des Myrtes, de fluettes colonnes de marbre soutiennent deux rangées de galeries superposées qui forment une longue suite d'élégantes ogives. Les chapiteaux des colonnes sont ouvragés, creusés à jour, ainsi que de la dentelle ; les dalles sont de marbre rouge ; les murs sont couverts d'arabesques, aux contours jamais les mêmes. Des carreaux de faïence, à l'éclat métallique, chacun étant d'un dessin différent, forment lambris le long des murs. Au centre de la cour un bassin de marbre entouré de haies de myrtes, laisse s'égoutter une eau cristalline. Des portes élégantes formées de trois voûtes arabes soutenues par des colonnes de porphyre, séparent les galeries de salles réellement féeriques. On reste ébloui devant tant de richesse et d'élégance. Le style arabe avec ses colonnes fragiles, ses coupoles en arc de fer à cheval, ses arabesques aux lignes toujours changeantes ne ressemblant à aucune forme géométrique, ses enluminures de couleurs riches : rouge, or, bleu, violet ; ses plafonds construits en forme de barque ou de conque, avec des bois de cèdre incrustés d'or et d'ivoire, ou soutenus par une infinité de petites alvéoles enluminées, ses faïences blanches et bleues, aux reflets puissants de l'acier, ses marbres précieux aux nuances d'écaille ou de nacre, avec ces richesses infinies, le style arabe est réellement merveilleux. Il est le maître incontesté. Dans aucun pays, ni dans aucun siècle, on n'a rien inventé de plus élégant comme ornementation.

La reproduction d'êtres vivants étant interdite par le Koran, l'artiste arabe a imaginé le dessin léger de l'arabesque; et dans sa vision des beautés du désert, il a mis partout des colonnades qui lui rappelaient la longue file des piliers soutenant les tentes, aux sables africains.

La salle des Ambassadeurs est une des plus riches de l'Alhambra, c'est la plus grande; le plafond est en forme de coupole, il est en bois de cèdre incrusté d'ivoire. Des fenêtres, construites en ajimez à six colonnettes, on a une vue superbe sur la colline d'en face : les Albaicins.

Au centre de la cour des Lions, douze de ces animaux soutiennent une conque de marbre. Le *patio* est entouré de cent vingt-quatre colonnes sveltes, alternativement simples ou gémellées. Dans les encoignures elles se rassemblent en faisceaux de trois. C'est exquis d'élégance.

La salle la plus proche est celle des Abencérages. En entrant, des alcôves creusées dans le mur ont de jolis dômes à stalactites. L'immense voûte de la salle est construite dans le même genre, on dirait des pendentifs formés de groupes d'alvéoles qui se soutiennent on ne sait comment, ou des grappes de raisins dont les fruits seraient creusés au lieu d'être arrondis. Toutes ces grappes semblent soutenues, liées les unes aux autres par des fils invisibles. Ces milliers et ces milliers d'alvéoles sont enluminées or et rouge.

Au centre de la salle, un bassin de marbre blanc est bariolé de taches rouges, étranges. Elles sont dues, dit la légende, au sang des Abencérages.

En face se trouve la salle des Deux Sœurs. C'était la résidence de deux sœurs, favorites d'un roi maure. Les portes sont en bois ouvragé d'arabesques dorées; le plafond est formé de plus de cinq mille alvéoles, toutes différentes les unes des autres et formant cependant un ensemble de toute beauté. Au-dessus des soubassements en *azulejos* (faïences artistiques) courent des frises en marbre blanc sculpté d'infinies petites arabesques.

Et il y a encore d'autres cours, d'autres salles toutes aussi belles, dont les fenêtres donnent sur un ravin profond, grandiose.

Du haut de la tour de la Véla, on contemple une vue admirable. Elle est étendue, elle est immense. En face, au bas du parc de l'Assabica, la ville nouvelle s'étend loin dans la plaine; celle-ci est très large et forme presque cercle autour de la colline. Elle s'appelle la *Véga* et est très fertile par suite d'une irrigation bien entendue construite par les Arabes. Au delà, des collines diaprées, roussies au soleil, forment une chaîne ininterrompue. Elles descendent de chaque côté de la sierra Névada qui forme un massif énorme du côté de l'orient. Graduellement elles deviennent de plus en plus petites, contournent la plaine des deux côtés et se rejoignent enfin. A la jointure, vers le sud, se voit une dépression de terrain. C'est à cet endroit que le dernier roi de Grenade, Boabdil, chassé par Ferdinand et Isabelle, se retourna une dernière fois pour contempler la ville. Comme il fondait en larmes, sa mère Aïcha lui dit durement : « Ne pleure pas comme une femme ce que tu n'as pas su défendre comme un homme. »

La sierra Névada monte en un massif énorme dans le ciel bleu et se termine en une pyramide gigantesque couverte de neiges éternelles. Sous le soleil torride, dans ce beau ciel du Midi, ce pic couvert de neige très blanche, brille et étincelle.

On le dirait composé d'une infinité de paillettes, éclatantes comme des brillants. Il produit une impression profonde.

Du pied de la sierra Névada se détachent, en un éperon énorme s'avançant dans la plaine, trois collines qui forment triangle. Elles sont séparées les unes des autres par de profonds ravins. Ainsi posées, elles ont l'air d'une grenade entr'ouverte. L'une est l'Assabica, dominée par l'Alhambra; l'autre est luxuriante de verdure et s'appelle le Généralife; la troisième, l'Albaicin, est le berceau de la vieille cité. Elle est couverte aujourd'hui de figuiers de Barbarie gigantesques, entre lesquels des sentiers sont frayés. Le long de ces petits chemins qui coupent la colline en tous sens, les gitanos ont creusé la montagne et habitent là comme dans des grottes. Anciennement ils formaient une population considérable, aujourd'hui ils ne sont plus qu'une centaine. Dans quelques années, ils ne seront déjà plus qu'un souvenir!

. . . .

C'est le soir. La lune est brillante et le ciel bien clair est d'un bleu violacé. Dans la salle des Ambassadeurs à l'Alhambra, une troupe de gitanos danse devant nous. Assis sur le marbre de la jolie fenêtre ajimez, j'ai derrière moi un gouffre d'ombre et de ténèbres. Au delà, la colline de l'Albaicin est toute parsemée de petites lumières formant une suite brillante au cortège des étoiles qui scintillent dans le ciel ; celui-ci semble ainsi descendre jusqu'au ravin opaque, au-dessous de nous.

Devant moi, la salle est éclairée par des lampes arabes, placées aux endroits où elles s'accrochaient jadis ; elles font briller les ors des arabesques et des alvéoles. Dans la blancheur des marbres et du plâtre, la lumière est douce et folâtre. On aperçoit par la porte entr'ouverte la cour des Myrtes baignée d'ombre bleuâtre, légère, diffuse. Et au fond, au-dessus des murs, la pointe blanche de la sierra Névada semble un grand fantôme qui a l'air de se pencher vers nous.

La galerie est plongée dans une pénombre azurée.

Je me représente maintenant les puissants sultans d'autrefois dans toute leur splendeur. Le marbre des dalles est caché par d'épais tapis orientaux. Aux portes, des rideaux de soie et de velours sont soutenus par des anneaux d'or. Les voilà, dans leurs costumes éblouissants, entourés de leurs vizirs et de leurs esclaves. Ils sont couchés sur des coussins et des couvertures tissés de soie et d'or. Devant eux, de petites tables de bois précieux incrustés de nacre. Ils fument le blond tabac parfumé d'Orient en dégustant le moka aromatique dans de petites tasses de porcelaine fine comme l'ambre. Derrière eux, de beaux éphèbes du Sahara les éventent avec de grandes plumes d'autruche. Les favorites, les plus jolies femmes de l'univers, couvertes de soie, de perles et de métaux précieux, sont étendues paresseusement à leurs pieds. Dans l'entre-bâillement de la porte, des almées et des bayadères dansent. L'air est tiède et il est embaumé des parfums que l'on brûle dans des niches d'albâtre, auxquels se mêle l'exquise senteur des fleurs d'orangers qui vivent là au grand air, dans le *patio*.

Oh ! quel enchantement de jouir ainsi de la vie ! Être le chef glorieux d'une race jeune, ardente, avec, dans les yeux, des visions de ciel et de soleil ; être entouré des plus jolies choses de la création ; être bercé, l'esprit au repos, par les accords d'une musique douce et langoureuse. Est-ce réalité ou rêve ? Je ne sais. De la galerie, des sons harmonieux parviennent jusqu'à nous. Ils se rapprochent. Les accords se font maintenant plus bruyants et plus rapides. De jolies femmes aux costumes bariolés viennent de la cour, paraissent des

ENVIRONS DE MALAGA. — JARDIN DE LA CONCEPCION.

sylphes dans la lumière lunaire, puis entrent en dansant dans la splendeur des couleurs qui brillent. Leurs grands yeux noirs étincellent. Leurs danses sont d'abord lentes et lascives. Elles font mille gestes gracieux avec leurs bras, leur corps, leurs pieds. Elles dansent seules d'abord; puis à deux, elles personnifient l'amour. L'une des deux femmes, avec de jolis pantalons bouffants serrés au pied, simule l'homme. Elles tournent autour l'une de l'autre en gestes câlins, sans jamais se toucher. Leurs reins se frôlent quand elles se penchent l'une sur l'autre : elles se font d'abord des reproches, puis leurs yeux s'amolissent, deviennent langoureux et la réconciliation se fait dans un baiser. Mais ce n'est qu'un simulacre et leurs lèvres ne se touchent pas. Cette danse est suave, gracieuse, jamais triviale ni grossière.

Au son des castagnettes, deux couples s'amènent et en chantant forment un quadrille. Hommes et femmes se regardent dans les yeux. Leurs figures miment l'amour le plus enthousiaste. Mais voici que les passions se déchaînent : la jalousie, la colère. Enfin tout s'oublie dans une étreinte. Tout cela se comprend aux gestes, aux regards tantôt terribles, tantôt angoissés, tantôt resplendissants de bonheur.

Pour terminer, une grande et belle fille s'avance en dansant sur la pointe des pieds depuis la fontaine de marbre du *Patio*. Elle est vêtue comme les almées. Pantalons bouffants liés à la cheville, blouse légère bien serrée à la taille par une écharpe soyeuse et large. Sur les épaules, la grosse torsade de ses cheveux noirs comme l'ébène s'écroule et la longue chevelure flotte dans l'air. Elle porte au cou un collier de sequins jaunes et aux oreilles, aux poignets et aux pieds de grands bracelets de cuivre. Un long voile blanc pailleté d'argent, retenu au sommet de la tête par une étoile brillante, flotte sur ses beaux bras nus. Sous la clarté diaphane, son corps bien moulé paraît d'albâtre et son voile prend la forme et la teinte des ailes diaprées d'une grande libellule.

Elle mime un drame d'amour. Elle arrive près de nous, à petits pas, avec de grands yeux étonnés. Elle regarde et elle fouille l'horizon pour découvrir une arrivée attendue. La voici qu'elle saute joyeusement. Du haut de la tour, elle aperçoit le brillant cavalier dans la plaine. Il est près d'elle, déjà! Elle lui fait mille caresses. Mais lui est morose, brutal, méchant. Qu'a-t-il appris pendant son absence? Elle se courbe, elle implore, elle pleure. Elle se traîne aux genoux de l'homme qu'elle aime, puis, comme il continue à la repousser, elle s'arme d'un petit poignard d'or incrusté de pierreries et se frappe.

Oh! combien ses attitudes, ses gestes non étudiés, simples et vrais, mais produits avec une grande ampleur de mouvements! Oh! combien ils m'ont séduit!

Je me suis séparé du monde pendant deux heures, heures de poésie ineffable.

En me quittant, la belle gitane m'a offert un petit sachet de *Bar-lachi*, qui doit me faire aimer de toutes les femmes!

Grenade, le 10 mars 1906.

Je suis descendu dans la ville de Grenade. J'ai parcouru ses petites rues, la belle promenade de l'Alaméda et celle du Paséo del Salon. Je n'ai point rencontré la belle Andalouse. J'ai vu des cafés et des places publiques remplis d'hommes, qui se promènent doucement, ou sont assis paresseusement, ne parlant presque pas. Beaucoup de journaliers sans travail forment des groupes dans les carrefours. Depuis un an la pluie s'obstine à ne pas tomber et la campagne desséchée n'a pas besoin de bras. La ville paraît plutôt triste et pauvre. Des richesses minérales sont cependant amoncelées là au nord, dans la sierra. La province de Jean regorge de minéraux d'or, d'argent, de plomb, de cuivre, de zinc. Elle n'attend que des prospecteurs, des capitaux étrangers et une voie ferrée. Je suis passé devant la petite maison où est née, en 1826, Eugénie de Guzman y Protocarréro qui épousa Napoléon III. L'ex-impératrice revient encore parfois faire un pèlerinage dans sa ville natale. C'est toujours une fort bonne aubaine pour les pauvres!

J'ai fait une visite hâtive à la cathédrale où se trouvent les riches tombeaux de Ferdinand et d'Isabelle, et à la jolie chapelle de la Chartreuse de la Cartuja. De bons prêtres m'ont servi de cicerone. On ne se douterait pas qu'ils sont de la même religion que ceux qui dansèrent en rond, jadis, sur la place de Grenade, après la conquête, autour des bûchers alimentés par plus d'un million de volumes et manuscrits précieux. Nous sommes loin du temps où le cardinal Ximénès brûlait de sa main quatre-vingt mille manuscrits!

Dans toutes ces cendres, qu'un peu de vent dissipa, que de richesses des temps anciens et inconnus, à jamais perdues!

En rentrant à l'hôtel pédestrement, nous avons rencontré un homme heureux. Il venait de gagner un lot de 5,000 pesetas à la dernière loterie du gouvernement. Dans les rues, des gamins courent déjà avec les billets de la nouvelle émission. Cela ne tarit jamais. Tous les dix jours il y a un nouveau tirage, et c'est bien le service de l'État le plus rapide, le mieux organisé. Grâce à lui, les maigres fonds des particuliers sont drainés et rentrent dans la caisse du gouvernement, presque toujours vide. Depuis je ne sais combien de temps, cette coutume immorale existe. Elle a toujours le même succès. La plupart des familles prennent chaque fois un billet d'une peseta avec lequel on peut en gagner 10,000. Souvent on s'associe pour prendre une série de 100 billets qui peuvent devenir, la chance aidant, 200,000 pesetas. Et alors, vive Dieu, on pourra vivre sans devoir travailler.

C'est une véritable prime à la paresse !

Avant de quitter Grenade, je dirige mes pas vers la colline d'en face. J'ai l'autorisation de visiter le palais mauresque du Généralife. Il appartient aujourd'hui à la princesse Pallavicini, de Milan, née comtesse de Compotéjar, de race arabe.

La cour intérieure avec sa galerie circulaire est plantée d'arbres et de plantes de serre chaude. Au centre, sur toute la longueur, l'eau circule en abondance, rafraîchissant et fécondant cette terre exubérante. Puis, par une série d'escaliers, on monte dans le parc planté au flanc rapide de la colline. Des murs le divisent en différentes terrasses qui s'étagent du pied au sommet. Le dessus des murs est construit en forme de gouttière et l'eau coule dans ces canaux ouverts, venant de la montagne. Les murs sont à hauteur d'homme et cette eau qui dégringole en murmurant, rafraîchit et réjouit l'hôte de ces jardins splendides.

Je me suis longtemps arrêté près du cyprès de la sultane, vieux de six cents ans. C'est là qu'elle avait coutume de venir admirer la vue grandiose qui s'offre d'ici, sur l'Albaicin et sur l'Alhambra. Elle pourrait revenir maintenant et ses yeux retrouveraient le même paysage. La nature en face est toujours la même, peut-être un peu plus morne. Elle trouverait l'Alhambra bien effrité ! Mais les arbres du jardin sont les mêmes : l'eau qui circulait au haut des murailles fait toujours le même glou-glou. Le vieux cyprès contre lequel on aime de s'appuyer est toujours là et à côté, le bel arbuste est toujours couvert des mêmes fleurs rouges étranges, ressemblant à des lèvres. J'en ai cueilli une, je l'ai baisée, croyant un moment embrasser la bouche de la sultane chaîne des cœurs. Je la conserverai longtemps, toujours, souvenir de l'illusion d'un moment et d'une heure passée en plein rêve.

Malaga, le 11 mars 1906.

J'ai quitté Grenade un dimanche, heureuse idée
que je mettrai souvent à profit dans la suite. Les
Anglais ne voyagent pas et je suis resté seul dans
mon compartiment jusque Malaga. J'ai acheté à
Bobadilla un journal espagnol. Aux Cortès, on
discute une interpellation ayant trait à la reddition de Santiago de Cuba. La guerre est terminée
depuis plusieurs années et les Espagnols, toujours
lents, en sont encore à ces questions déjà tombées
dans le domaine de l'oubli.

A Madrid, les ingénieurs arrêtés l'an dernier à
la suite du terrible accident arrivé aux réservoirs
d'eaux, attendent toujours qu'on instruise leur
procès ; à Séville, la foule hurle à mort, aux
assises, contre l'assassin qui a enterré ses dix
victimes dans sa *huerta*.

MALAGA. — LA CATHÉDRALE.

Quel étrange pays !

Le soleil brûle d'une façon intense, ses rayons sont chauds. Nous courons vers lui, vers le sud, vers la chaleur. Avant d'arriver à Malaga, j'en ai encore pour plusieurs heures de chemin de fer, et je jouis délicieusement de cette température qui vous pénètre, qui vous donne chaud au cœur, qui se fait de plus en plus légère.

Tels ces rochers rouges d'El-Kantara qui gardent l'entrée du désert près de Biskra, une montagne de roches de même couleur forme une porte splendide dans la chaîne de collines qui enserrent de toute part la vallée magique, au fond de laquelle la Méditerranée paraît d'un bleu intense. La mer, avec ses flots frangés de blanc, toujours mobile, est venue grignoter dans des terres fécondes, une jolie baie autour de laquelle s'est bâtie la ville de Malaga.

Les rochers rouges que l'on traverse dans un déchirement prodigieux, ravinés, tortueux, fantastiques, sont de toute beauté. Ils ont la teinte du porphyre, on les dirait taillés, fouillés par la main d'un sculpteur titanesque. Ils forment d'étranges figures. Telles parois ressemblent à d'immenses retables de cathédrale, en albâtre patiné de teintes roussies par le temps.

Le train semble pénétrer au sein de la terre, il suit les méandres du torrent qui roule au fond du couloir éclairé seulement par le haut. De temps en temps, un tunnel, et la nuit noire.

Quand on sort de cette montagne qu'on appelle le *Hayo* (fosse), le paysage est complètement transformé. Nous venons de traverser les tropiques. Le train court entre deux haies de figuiers de Barbarie hauts de 2 mètres. Il longe le lit d'un torrent large de plusieurs centaines de mètres. L'eau rare, fuit au centre entre les cailloux blancs. Toute cette partie, couverte d'eau en hiver ou quand il pleut, est plantée de palmiers, d'orangers, de citronniers. Les plus beaux fruits rouges et jaunes sont là, à portée de la main. De temps à autre, sur la rive, une jolie petite maison blanche, entourée de palmiers géants, au haut desquels pendent des régimes de dattes rousses. Nous voici maintenant, quelque part, au Brésil. A gauche, des champs de cotonniers, et là-bas, à droite, les cannes à sucre projettent vers le ciel leurs longs roseaux aux minces feuilles. Plus près de la voie ferrée, des vignes ont déjà une ou deux feuilles sur leurs vieilles souches noires.

Le train entre en gare de Malaga dans un nuage de poussière.

J'arrive un dimanche, vers les 5 ou 6 heures du soir.

La foule nombreuse, presque totalement masculine, se promène *Callé del marques de Larios*. Je passe devant le très beau Cercle des négociants, très grand, très riche. Contre les grandes verrières de la rue, des messieurs très chics causent et fument, assis sur des divans et regardent les nombreux promeneurs.

Au *Café de Espana*, place de la Constitution, des consommateurs andalous, coiffés du feutre à larges bords (*sombrero*), applaudissent des danseuses jeunes et jolies, jeunes femmes fortes qui tournent, voltent, virevoltent avec un entrain endiablé. Les castagnettes claquent et les tambourins sonnent joyeusement. En général, une femme danse seule ; les autres forment un demi-cercle derrière elle et l'encouragent de leurs cris, de leurs applaudissements, du claquement du pouce contre le doigt du milieu. Puis des chants succèdent. Ce sont des mélopées plutôt tristes, sentimentales, chantées sur le ton nasillard de toutes les femmes espagnoles, avec des gestes émus.

J'appelle le garçon pour solder mon écot, je frappe avec une pièce de monnaie sur la table. On

ne me comprend pas. Ici, en Espagne, il faut cla-
quer des mains l'une contre l'autre.

Dehors, quelle délicieuse soirée. La nuit a à peine
étendu un voile léger sur toutes choses, un voile
bleuâtre qui forme, avec ses plis, des ombres
noires en s'accrochant aux maisons ou aux montagnes. Mon âme est sereine et chante mélodieu-
sement. Je vais m'asseoir dans les très beaux
jardins qui longent le port. Je perçois des fleurs,
des roses et je respire délicieusement leur parfum.
Pas de bruit, sinon le petit clapotement de la
vague contre le quai.

La brise de mer m'apporte des effluves afri-
caines. Je suis resté là bien des heures à
rêver.

En rentrant vers minuit, par un labyrinthe de
rues étroites dans lesquelles j'étais un peu perdu,
une jeune femme aux grands yeux éblouissants, la
chevelure de jais, encadrée d'une mantille blanche,
m'a regardé curieusement. Elle a détaché de son
corsage quelques fleurs et me les a jetées. Un
grincement de porte et la jolie apparition s'était
évanouie. Qui est-elle? gourgandine ou grande
dame, mystère! Pourrai-je un jour percer les
ténèbres qui entourent la vie de toutes ces Espagnoles et surtout des Andalouses!

J'ai tenu le petit bouquet dans un verre d'eau, pendant deux jours. C'étaient des fleurs d'oranger. Ah! combien elles ont parfumé ma chambre!

Je conserverai les pétales séchés dans le vieux livre de mes souvenirs!

Malaga, lundi 12 mars 1906.

Aujourd'hui, jour de travail, le port est animé. On a ici la sensation du labeur et du travail quotidien. Depuis Barcelone, sauf un peu à Madrid, il ne m'est plus arrivé de voir des bureaux ouverts, des employés en course, des gens s'en allant à leurs affaires. Mais quelle poussière, bon Dieu! Elle envahit tout, les cafés, les voitures; au bout d'une demi-heure de promenade on est blanc comme un meunier.

Par le *paséo di Alaméda*, jolie place avec la statue du marquis de Lorios, je vais revoir les jardins entrevus hier, dans la clarté blafarde des étoiles. Ils sont réellement beaux avec leurs plantes des pays chauds : grenadiers, mandariniers, amandiers, palmiers et leurs jolies corbeilles de fleurs exotiques.

Presque en face, des brigades d'ouvriers conduisent des terres, égalisent une colline, perpendiculairement. La Compagnie des Wagons-Lits va y adosser un superbe hôtel. Malaga sera bientôt une agréable station d'hiver. Je grimpe derrière, au bout du monticule. Je suis au pied du *Gibralfaro*, ancienne citadelle. Ses énormes murs, crevassés, à moitié démolis, laissent rouler les pierres qui se détachent, sur le cahos de ruines et de maisonnettes misérables que je parcours, en descendant du côté de la ville. Sous ces amas de décombres, dans ces sortes de cavernes habitent des gitanos. Ce quartier sombre remonte au temps des Phéniciens. Sous les Maures, on l'appelait l'*Alcazaba*. Filles et garçons sont accroupis sur des pans de murs renversés. Ils sont étranges dans leurs accoutrements bariolés, au milieu de ces ruines sombres. Je veux prendre quelques photographies. Aussitôt les voilà disparus ainsi qu'une envolée de moineaux.

Par des routes poudreuses, le long d'un très large lit de fleuve à sec, je fais une promenade en voiture sous un soleil torride. Tout est blanc, tout est sec. Nous voici en fin d'hiver et le torrent devant nous ne laisse voir que des cailloux. Le pays souffre, la campagne se meurt. Voilà deux ans qu'on attend quelques gouttes de pluie dans toute l'Andalousie. Les ouvriers des champs, affamés, viennent demander un peu d'ouvrage dans les villes, à Grenade, à Malaga, à Séville. Mais il n'y a pas de travail pour eux, ni d'aumônes non plus. Ils devront s'en retourner plus tristes et plus désespérés vers leurs misérables foyers. Les bras de leur femme, de leurs enfants se tendront vers eux pour obtenir un peu de pain. Ils ont cette vision dans les yeux, quand ils parcourent en bandes les rues populeuses et qu'à la vitrine des boulangers ils voient les jolis gâteaux dorés. La tentation est trop forte, ils pillent. Le *horos* de misérables s'en retourne vers les hauteurs avec ces quelques croûtes qui soulageront pendant deux ou trois jours peut-être, la misère de chez eux.

Être affamé au xxe siècle, cela devrait-il encore exister sur terre? Peut-on s'imaginer qu'en ce moment, pas bien loin de nous, de pauvres petits enfants souffrent atrocement de la faim?

Et dire que cela se passe dans un des pays les plus fertiles du monde, dans la Véga de Malaga et dans toute l'Andalousie! Il suffirait cependant d'un peu d'eau pour lui faire produire des richesses incalculables. Et là-haut, sur toutes les montagnes qui entrecoupent le pays, il y en a d'im-

RONDA. — VUE PRISE SUR LE PONT.

menses réserves! Les Arabes avaient construit des canaux d'irrigation, mais tout cela a disparu. Quand donc les Espagnols cesseront-ils de se croiser les bras?

Des files de bourriquots suivent la même route que nous. Ils ont chargé en ville quelques marchandises et s'en retournent, rudement malmenés par de grands diables, portant un fusil en bandoulière, assis ou plutôt étendus sur la misérable échine de leur souffre-douleur.

Un petit bois de hauts eucaliptus, et nous entrons dans une véritable oasis. Ici le propriétaire prévoyant a créé des réservoirs, des puits. Au milieu de la détresse du pays, le plus merveilleux jardin pousse admirablement, les pieds dans la fraîcheur de l'eau et la tête dans le soleil. Ce sont les jardins de la *Casa la Concepcion*. On se figure être transporté en Algérie, au grand jardin d'essais de Mustapha, ou à Biskra dans la propriété du comte Landon. Ce ne sont qu'arbres des tropiques, puissants, géants. Les palmiers, de beaucoup d'espèces différentes, s'élèvent majestueusement. Les lianes gigantesques à caoutchouc grimpent ainsi que des serpents le long des baobabs, des mancenillers, des ficus géants; des roseaux de bambous aux jolies feuilles vertes, dentelées, veulent atteindre la cime des arbres les plus hauts. C'est la flore des tropiques dans son merveilleux épanouissement.

Je quitte avec regret cette propriété enchanteresse et je rentre à Malaga par la *Caleta*, longue rue aux bords de la mer, bordée des villas des industriels, commerçants, consuls, notables bourgeois de Malaga. C'est là qu'ils se réfugient en été quand la chaleur est devenue intolérable en pleine ville.

C'est la dernière soirée que je dois passer dans cette cité qui m'enchante. La température, les fleurs, la vie animée, tout en fait un séjour charmant, surtout quand on a visité les villes calmes, sans bruit, mystérieuses, de Tolède, Cordoue, Grenade.

Un compatriote établi ici depuis de longues années m'invite à passer quelques heures avec lui chez deux vieilles demoiselles qui vivent avec deux charmantes nièces.

Le petit salon dans lequel on nous introduit est rouge grenat. Tentures, meubles, tapis ont bien l'air un peu fâné, mais tout est propre et la petite pièce fleure bon.

Mon ami me présente à deux jeunes filles exquises. L'aînée est le type andalou dans toute sa pureté : elle est grande, forte, la taille un peu courte, la tête est de toute beauté, nez fin, petit, grands yeux noirs veloutés et brillants, cheveux noirs crepelés, séparés en deux tresses très longues, ondulés en bandeaux sur le front; lèvres écarlates fortement découpées, mains petites, potelées, doigts fuselés, ongles roses soignés; elle porte dans les cheveux un superbe camélia rouge. Sa sœur est plus mince, un peu moins grande, plus svelte; les cheveux sont moins noirs, presque châtains; elle est coiffée à la dernière mode de Paris. Toutes deux ont de jolis anneaux d'or aux oreilles et des bracelets en forme de chaînes. Elles portent une jupe sombre, une blouse en petite soie à lignes noires et mauves, assez échancrée sur le devant. Au cou long et flexible, un joli nœud de satin blanc. Les présentations sont vite faites. Ce sont de vraies jeunes filles du meilleur monde. Elles nous accueillent par le plus gracieux sourire et nous tendent gentiment la main.

Au bout de quelques minutes de conversation générale, mon ami accapare l'aînée. Je les soupçonne tous deux engagés dans un flirt bien sérieux. Les deux vieilles duègnes, dames respectables, vont et viennent, nous apportant des gâteaux et du bon vin de Xérès. Ma voisine est on ne peut plus charmante. J'ai passé auprès d'elle deux heures qui me laisseront le souvenir le plus suave, comme un parfum de poésie qui jamais ne se dissipera. Il me serait impossible de dire la condescendance, l'amabilité de cette gentille Andalouse. C'est près d'elle que j'ai pu deviner un peu le caractère des femmes de ce pays. Pour elles, l'homme est la divinité qu'on adore; elles font abstraction complète de leur personnalité. Elles n'ont qu'un désir, qu'une pensée, plaire à l'homme d'une façon générale et surtout à celui qu'elles aiment. Elles sont élevées dans le culte de l'homme, n'ont d'yeux que pour lui, le regardent avec bonté, avec tendresse. Elles lui parlent avec des gestes gentils, moqueurs ou suppliants, gamins presque toujours. Leur visage s'éclaire, leurs yeux s'illuminent, elles fusent de petits rires doux, sympathiques quand elles voient que l'homme fait attention à elles.

Par mille grâces, mille caresses du regard, elles lui disent leur reconnaissance. Ah! que l'on est loin de la roideur compassée, étudiée des jeunes filles de notre pays! Ont-elles jamais pensé un seul instant à leur rôle sur la terre? L'éducation actuelle en a fait des êtres hybrides, on dirait que c'est un crime pour elles d'aimer. Ce sont des sphinx. On ne peut rien deviner de leurs pensées intimes ! Fi, que c'est vilain de faire montre de ses sentiments, de ses goûts, de ses préférences ! Oh ! gaîté prime-sautière, grâce juvénile, naïveté charmante, où vous êtes-vous en allées ?

Je ne puis concevoir que deux genres de femmes: celui de la femme-enfant de Copperfield, qui ressemble tant au joujou andalou, ou bien de la femme qui est réellement dans la vie la compagne intelligente de l'homme, qui a la compréhension nette de son rôle de femme, qui a toutes les sensibilités, les tendresses, les dévouements pour celui qu'elle a choisi, dans toute son indépendance. Ainsi tous deux, instruits, de même éducation, s'en iront dans la vie, sans heurts, sans trivialité, dans l'idée qu'on peut s'aimer longtemps, toujours, en pleine poésie, et que plus tard, nouveaux Philémons et Baucis, des souvenirs d'amour couronneront leur vieillesse calme et sereine.

A toutes nos petites précieuses, dont l'intelligence ne surpasse guère l'éducation de leur sexe, combien je leur préfère ma jolie Andalouse qui a nom Flora !

Comme je ne comprends presque pas l'espagnol, elle se donne un mal infini pour que je puisse saisir ce qu'elle me raconte. Elle cherche dans sa mémoire des mots plus simples, se rappelant quelques mots français ; je fais de même et nous nous entendons à ravir. Nous parlons de tout, du pays, de Paris, de ma famille, de sa façon de vivre. Nous nous interrogeons mutuellement, curieux de saisir, de connaître nos pensées secrètes, intimes. Quand nous nous sommes tout à fait embrouillés, que nous ne savons plus en sortir, alors qu'elle me parle de fleurs et que je lui réponds qu'en effet le pays est très sale chez nous, ce sont des fous rires, un plaisir extrême. Nous sommes déjà deux très bons camarades et nous avons grande satisfaction à nous dire mille choses aimables. Je me figure causer avec la Dora de Dickens.

J'ai passé auprès d'elle des heures de vraie joie, de contentement intérieur. Un peu avant de nous quitter, je lui ai demandé des nouvelles de son *novio*. Elle m'a répondu qu'elle était libre, qu'elle n'était pas *novia* et que je devrais rester toujours à Malaga pour venir la divertir aussi souvent que possible.

Je ne demanderais pas mieux d'abandonner mon pays froid et morose pour venir habiter si près du soleil.

Elle a voulu que j'écrive sur son petit carnet mon

nom et mon adresse. Mais, mon cœur en saigne
encore ! Lui ayant demandé de faire de même au
dos d'une de mes cartes de visite, elle m'a regardé
avec des yeux si pitoyables, si malheureux en me
faisant un geste qui voulait dire « Je ne sais pas »,
que je fus pris d'une immense pitié pour cette
pauvre jeune fille, qui a dû entrevoir en une pensée
rapide, lumineuse, toute la déchéance de sa race,
toute la honte qui rejaillissait sur elle en cet
instant. Elle ne savait pas écrire. Elle rougit profondément. Je fis un grand geste, joyeux, comme
si tout cela n'avait aucune importance. Je lui
demandai la permission de baiser ses jolis doigts,
je lui dis toute ma détresse de ne plus la revoir
jamais. Et je la quittai. Et tous les deux nous
avions une petite larme qui perlait au bout de nos
cils !

— Muchas gracias, sénorita
— Bueno dias, caballero

Quand on regarde la carte d'Espagne, on se dit
qu'il est très simple de se rendre de Malaga à
Algésiras. Il suffit de longer le bord de la mer. Et
d'ailleurs, voici le tracé d'un chemin de fer. En
effet, il y a une ligne amorcée depuis bien des
années, mais quand sera-t-elle achevée ? Chaque
année, le gouvernement envoie sa subvention

pour la continuer. Mais comme rien ne presse pour les Espagnols, on fait bon an, mal an un ou deux kilomètres, et il serait regrettable qu'elle fût achevée, car avec elle finirait la manne gouvernementale. Or elle fait vivre quelques douzaines de fonctionnaires et employés.

Force m'est donc de remonter et de passer une troisième fois par Bobodilla et de redescendre parallèlement à la même route en m'arrêtant à Ronda.

LE PONT DE RONDA.

Ronda, le 13 mars 1906.

Je suis descendu ici pendant quelques heures seulement. La plupart des voyageurs brûlent l'étape et vont de Bobodilla à Algésiras sans s'arrêter. Combien ils ont tort! Ronda est une ravissante petite ville. Les rues sont larges et sont bordées de maisons jolies, ni trop hautes ni trop basses, avec, à toutes les fenêtres, de jolis miradors peints en vert pâle. Les façades des maisons sont peintes en blanc et la couleur est renouvelée chaque année. C'est éblouissant de propreté. La petite ville respire un grand air de bien-être. Nulle part on ne voit de mendiants! La richesse d'ici provient de la contrebande. Actuellement les rives de la Méditerranée sont mieux gardées et le métier, si florissant il y a cinquante ans, entre Gibraltar et l'Espagne, ne rapporte plus rien.

En passant dans la rue principale, je me suis arrêté devant le portail d'une maison; sur le fronton un petit groupe de séraphins portent un écusson surmonté d'une couronne; au milieu, la lettre N. Serait-ce du grand empereur? Comme je m'en allais, le propriétaire et sa dame sont venus se planter au milieu de la rue et ont examiné pendant longtemps la façade de leur maison afin de se rendre compte de ce qu'un étranger avait bien pu y trouver de singulier.

La ville a été construite sur un immense rocher, seul au milieu de la plaine. La force des eaux a-t-elle été assez considérable pour pouvoir le creuser à 100 mètres de profondeur ou bien s'est-il ouvert par suite d'un tremblement de terre? Personne ne pourra jamais le dire, mais il est fendu de la base au sommet. Un pont a été jeté par les Romains sur les deux bords opposés. Le torrent coule au fond. Et comme toutes les cités ardentes du moyen âge se sont agrippées, tels des nids d'aigles, sur les sommets les plus inaccessibles, des maisons se sont bâties sur les deux pointes du rocher. Et pour accroître encore leur sécurité, les habitants se sont entourés de murailles formidables dont les assises montent et descendent avec les contours irréguliers de la montagne.

Par des sentiers rapides, on descend jusqu'au lit de la rivière. De là, les maisons paraissent toutes petites, tant c'est élevé. Les grosses murailles tombent en ruines. Des blocs énormes de maçonnerie faite de pierres rondes, oblongues, usées par l'action de l'eau, paraissent suspendus dans l'air. Les pluies les ont creusés, ravinés à la base. Encore quelques ondées et ils iront rejoindre en bas les blocs déjà détachés et qui ont roulé jusqu'au torrent.

En remontant, je contourne en haut la *Plazza de Toros* dont les murs touchent l'abîme. On me dit que les chevaux morts ou blessés étaient tout simplement précipités dans le ravin, il y a quelques années seulement.

Gibraltar, le 14 mars 1906.

Je pensais pouvoir m'arrêter au bord de la mer,
à Algésiras, mais on me dit que je ne trouverai
plus de place à cause de la Conférence. Les deux
hôtels sont retenus : l'un pour les diplomates
(*Reina-Christina*), l'autre pour les journalistes
(*Anglo-Espagnol*). Je me décide donc d'aller loger
à Gibraltar. Le train m'amène à la gare maritime
vers les 11 heures du soir. J'embarque aussitôt. Il
fait un clair de lune brillant. La traversée n'est pas
longue, on ne reste guère plus de vingt minutes en
bateau. Derrière nous, Algésiras avec ses quelques
lumières paraît un petit village de pêcheurs ; juste
en face, devant nous, le rocher de Gibraltar se
détache dans le ciel violacé en une grosse masse
sombre. Plus nous avançons et plus les contours se

précisent. Je cherche dans ma mémoire à quelle forme géométrique il peut bien ressembler. Enfin, je trouve! Figurez-vous un gros chien terre-neuve sur l'eau, nageant, le corps bien tendu, le cou allongé, la queue bien droite. Représentez-vous ce chien changé en pierre, rigide, masse noire, et vous aurez exactement le dessin de la forme du rocher de Gibraltar. Nous accostons rapidement et aussitôt on se sent aux prises avec une civilisation ennuyeuse, gourmée, policière. Des douaniers sont là roides, vous parlant anglais. Ils sont étonnés que vous leur répondiez dans une autre langue, qu'ils ne comprennent pas. Un peu plus loin, vous passez sous une voûte et vous avez la sensation d'entrer dans une prison. Des policemen vous scrutent. Puis à 100 mètres, un poste militaire. Des casaques rouges vous arrêtent et vous demandent où vous allez, dans quel hôtel vous descendez. Elles me remettent un petit bout de carton rouge, c'est ma fiche. Elle devra me suivre pendant tout mon séjour sur la terre anglaise. Je dois la montrer à l'hôtelier pour qu'il m'admette chez lui. Je devrai la rendre en m'en allant. Tout cela flaire l'espion!

Tous les hôtels de Gibraltar regorgent d'Anglais en cette saison. On a bien de la peine à me trouver une toute petite chambre au *Bristol Hôtel*. La nuit, je me réveille en sursaut. Des coups de canon sont tirés dans la montagne? Est-ce la guerre déclarée? Le vent souffle en rafale. Il mugit en s'engouffrant dans les anfractuosités du rocher auquel je suis venu m'accrocher.

Mais le soleil vient vite frapper à ma fenêtre.

Ici, personne ne parle ni allemand, ni espagnol, ni français. Or je ne connais pas l'anglais. Dans la rue, je trouve enfin un cocher qui a habité quelques années Madrid. Quelle chance! Il me conduit tout au bout du rocher, le long de la face qui regarde l'Espagne. C'est le seul côté habité d'ailleurs. Sur l'autre versant, la montagne tombe à pic dans la Méditerranée. Nous sommes partis de la tête du gros chien et nous sommes allés jusqu'à l'extrémité de la queue! Là se trouve un gros phare, entouré de batteries de canons. Cela s'appelle la pointe d'Europe.

Tout le long de la route, ce ne sont que travaux et bâtiments militaires, hôpitaux, écoles, casernes, théâtres, places d'exercices et de sports, maisons d'officiers, de sous-officiers et de soldats. Beaucoup sont mariés et habitent là depuis de longues années avec femme et enfants. Rien ne manque pour que le militaire conserve un bon souvenir de

Gibraltar. Le climat est excellent. Tout est bien ordonné, administré, agencé ; les casernes ont l'air de grands hôtels suisses ; les petites maisons sont entourées de jardinets fleuris ; toutes les constructions sont grandes, spacieuses, bien aérées. Une propreté méticuleuse règne partout. Tous les dix mètres de grands réservoirs en tôle emmagasinent l'eau de pluie, car il n'y a pas de source dans le rocher.

A chaque pas, nous rencontrons des régiments qui passent : ce sont des casaques rouges avec leurs petits bérets rouges ; puis des Écossais, grands, vigoureux, les jambes nues, coiffés du casque blanc des colonies. Ils jouent du fifre et chantent, tout en marchant, les romances de leurs montagnes, sous l'œil bienveillant des officiers, vrais gentlemans, gantés, cravatés de frais, le monocle à l'œil, tous à cheval sur de beaux pur sang. Puis d'autres régiments défilent, habillés de kaki.

En bas, le long de la mer, des rangées de coupoles avec de longs canons de marine ; plus haut que nous, vers le sommet du rocher, des rangées de trous dans la montagne et, dans chaque trou, la gueule d'un canon. Tout le rocher a été creusé en galeries, dans lesquelles des soldats sont là comme

dans une mine, y logent, apprennent le manie-
ment de l'artillerie. En cas de guerre, ils y seraient
en parfaite sûreté.

On voit que l'Anglais vit ici depuis des siècles.
Il a fait de ce rocher une forteresse puissante, en
même temps qu'il l'a disposé, arrangé, de façon à
en faire un séjour agréable.

Au bout du museau du gros chien se trouve une
longue bande de pays plat qui rattache la montagne à la terre d'Espagne. Là se trouve la zone
frontière entre les deux pays. Cela forme un petit
territoire neutre de quelques centaines de mètres
de largeur, complanté de beaux arbres. Les deux
nations y viennent se promener. Puis, commence
la rangée de petites collines qui font un demi-
cercle en longeant la baie d'Algésiras.

Par le traité d'Utrecht de 1715, l'Espagne s'est
engagée à ne pas élever d'ouvrages militaires en
face de sa rivale.

Le port marchand, assez mouvementé en raison
de la contrebande intense qui s'est toujours pra-
tiquée de Gibraltar vers l'Espagne, est très peu
profond. Il prend la longueur de la tête du chien.
La ville s'étage dans l'échancrure du cou, puis,
tout le long du corps, s'étend le port militaire. En
ce moment, six gros cuirassés sont à l'ancre. Ils

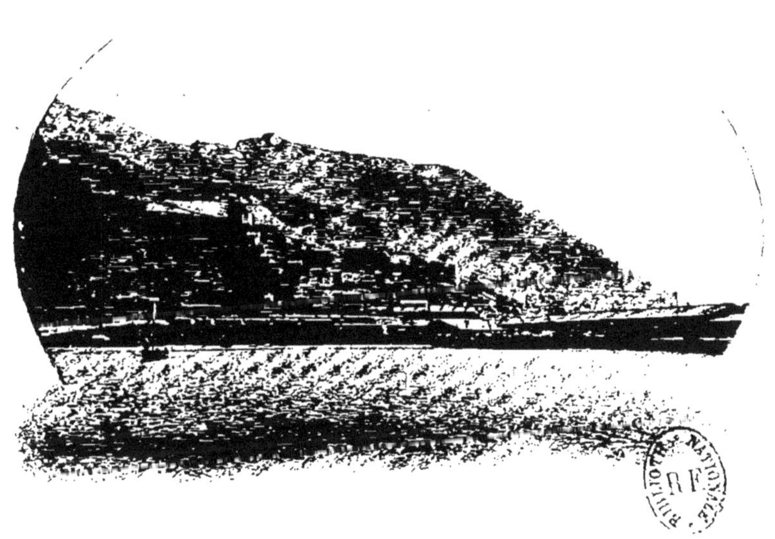

GIBRALTAR. — LE PORT DE COMMERCE.

sont de couleur pierre et paraissent sans vie. Depuis un an seulement, l'arsenal possède des docks assez importants pour pouvoir réparer les plus gros navires.

Je quitte sans regret ce rocher sinistre. Jusqu'au milieu du chenal, c'est-à-dire de la passe qui sépare la baie de la mer, les eaux sont anglaises.

Algésiras se montre maintenant dans sa blancheur immaculée. A gauche, l'*Hôtel Maria-Christina* se détache seul, au bord de la mer, sur une petite colline.

Algésiras, le 14 mars 1906.

Me voici donc dans la petite ville, célèbre en ce moment dans le monde entier. Depuis deux mois, ai-je vu assez de fois ce nom imprimé dans tous les journaux, dans toutes les revues ? Je ne croyais réellement pas arriver en temps : la Conférence ne devait durer que quinze jours et voilà presque six semaines que, à chaque heure, on ergote sur sa durée, sur les résultats heureux ou malheureux qui en sortiront.

Comme il est encore très tôt, faisons vite un petit tour de la ville. Elle ressemble étonnamment à sa voisine Ronda. Elle aussi s'est enrichie dans la contrebande. Les rues sont propres et bordées de jolies maisons blanches avec de gracieux belvé-dères. Tout au bout, de jolis jardins particuliers se sont créés au bord de la plaine. Les propriétaires ont fait don des chemins et des avenues qui les séparent. L'ensemble forme ainsi un beau parc public.

Sur la petite place, une haute colonne de granit attend qu'un enfant d'Algésiras devienne illustre. Il y a plus d'un siècle qu'elle est là et personne ne se présente. Je propose qu'à la fin de la Conférence, si elle réussit, tous les diplomates se cotisent pour offrir à la petite ville hospitalière... une statue de la Paix... ou le bronze de Machiavel!

Les délégués marocains habitent de jolies maisons particulières, séparés les uns des autres. El Mokri habite non loin de la salle des conférences (la mairie). Seul, il est accompagné de quelques-unes de ses *houris*.

Pour dîner, tous les Marocains se réunissent. Ils dévorent chaque jour une vingtaine de poulets.

Les diplomates anglais et français ont aussi leur villa particulière. Tous les autres représentants des puissances habitent l'*Hôtel Reina-Christina*; à l'*Hôtel Anglo-Hispano* logent les reporters; mais beaucoup sont déjà partis. Il ne reste plus que les représentants des très grands journaux : le *Times*, le *Corriere de la Serra*, le *Héraldo*, de Madrid, le *Berliner Tageblatt*, le *Lokal Anzeiger*, *le Figaro*, *le Petit Journal, le Journal,* etc. Les Allemands et les Français se boudent. Seul le représentant du *Lokal Anzeiger*, qui est là avec sa charmante femme, me paraît frayer avec les Parisiens. Ceux-ci, comme à l'ordinaire, accaparent tout l'hôtel.

On vient de déjeuner. C'est le moment d'aller aux nouvelles. Tous s'en vont vers *Marie-Christine*, pénètrent dans les salons, fument, rient et plaisantent. Je me faufile à leur suite et je me fais présenter à plusieurs d'entre eux et notamment à M. Hedeman, l'autorisé représentant du *Matin*, de Paris. Seul de tous les journalistes, il a pu se loger dans l'hôtel diplomatique. O puissance de la presse ! Elle traite maintenant sur un pied d'égalité avec les plus hauts potentats de la terre. M. Hedeman est charmant, bien Parisien. Je lui montre ma carte de journaliste. Il me dit que je suis le seul représentant de la presse belge venu à Algésiras et aussitôt il veut me présenter à notre ministre, M. Joostens. Nous le cherchons partout, un secrétaire nous dit qu'il est parti le matin en excursion.

Je demande à M. Hedeman son impression du moment. Elle est pessimiste. On est arrivé, me dit-il, dans une impasse. A Paris, le ministère Rouvier a été renversé et cela rend soucieux les diplomates français; aujourd'hui après-midi doit avoir lieu à la Chambre française la déclaration du ministère Sarrien. On attend dans l'anxiété.

Mais M. Du Tailly, du *Figaro*, et M. Melvil, du *Petit Journal*, appellent M. Hedeman pour poser devant l'objectif. Ils sont une dizaine de journalistes français. La dame de l'un d'eux se trouve au centre. Que de rires, de plaisanteries fusent de ce groupe! Les diplomates qui viennent fumer leur cigare après déjeuner s'amusent fort de ce petit divertissement. M. Hedeman me rejoint et me les désigne. Voici M. de Tattenbach, qui se promène dans les jardins de l'hôtel avec M. Visconti-Venosta; le duc d'Almodovar cause avec M. White.

Comme chacun représente bien le type de son pays !

M. de Tattenbach a la tête rasée, une forte moustache drue et blanche, grosse figure ronde et têtue d'un Bismarck; il porte les mêmes souliers bain de mer blancs que les marchands de Hambourg sur la digue de Blankenberghe !

Sir Nicholson s'amène comme un simple touriste anglais en villégiature. Il est petit, un peu voûté. Il est en complet gris et coiffé d'un petit chapeau de feutre mou, gris. Il pleut probablement à Londres, car il a ses pantalons retroussés sur ses bottines jaunes. Il s'en va, en examinant le pays, sans façon, avec ses mains dans ses poches.

M. White rappelle étonnamment son président, M. Roosevelt. Il est grand, fort, puissamment charpenté. Il porte lorgnon. Il a la figure franche, ouverte; il est aussi vêtu d'un complet gris et coiffé d'un grand chapeau de feutre mou, gris.

M. Visconti-Venosta est un très beau vieillard, à barbe blanche. Tenue sévère, chapeau boule noir, redingote noire, pantalon gris clair, gilet blanc.

Le duc d'Almodovar est un bel homme, très chic, en jaquette de coupe irréprochable, barbe noire splendide.

Je ne vois pas M. Revoil, mais bien son secrétaire, le comte de Chérisey. C'est un Parisien vif, alerte, très smart.

Les diplomates se promènent, causent entre eux, sont sérieux. La digestion terminée, ils rentrent dans leurs appartements pour travailler avec leurs secrétaires. Puis vers 6 heures, en frac noir ils redescendront pour dîner. C'est alors le moment le plus palpitant de la journée : les télégrammes des gouvernements sont arrivés et chacun des journalistes s'enquiert, court d'une personnalité à l'autre. Puis les oreilles bourrées de potins ils rentrent à l'*Hôtel Anglo-Hispano*, rédigent des dépêches de plusieurs centaines de mots qui paraîtront le lendemain dans tous les quotidiens du monde entier. Alors, ils dînent joyeusement et souvent le soir, ils vont encore cueillir à l'*Hôtel Marie-Christine* quelques bribes de conversation.

En mer, le 15 mars 1906.

Comme, en somme, les nouvelles sont plus rares à Algésiras qu'à Paris, Berlin ou Bruxelles, je me suis embarqué ce matin pour Tanger, à bord du *Pelagio*.

Nous voici déjà à la hauteur de l'*Hôtel Marie-Christine*. J'envoie un dernier adieu à cette résidence cosmopolite qui abrite les plus fins joûteurs dans l'art de cacher leur pensée. Mais d'ici, je n'en aperçois plus un seul. Ces puissants de la terre sont déjà moins grands que des pygmées. Un petit nuage blanc plane dans le ciel au-dessus d'eux. Serait-ce signe de paix? Bientôt tout s'efface. C'est le néant. Et il n'y a que quelques kilomètres qui nous séparent !

Et cependant toutes les pensées des philosophes,

ROCHERS DE GIBRALTAR. — VUE PRISE DE LA TERRASSE DE L'HÔTEL MARIE-CHRISTINE, A ALGÉSIRAS.

des rois, des empereurs, des gouvernements, des
chefs d'armées de terre et de mer, sont en ce
moment concentrées sur ce petit coin de terre qui
tient si peu d'espace dans l'immensité !

Un petit coup de canon tiré là-bas de Gibraltar
réduirait en poussière ces princes de la diplomatie,
dans leur tour de Babel. Comme toutes ces discussions paraissent oiseuses quand on se trouve en
pleine mer, entre l'Europe et l'Afrique, et qu'on
contemple la nature ! Combien l'homme paraît
mesquin ! D'ici, Algésiras me fait l'effet d'un
repaire de pirates de la Méditerranée, qui mé-
ditent une expédition au Maroc.

Car je ne perçois que mauvaise foi au fond de
l'affaire !

La France a voulu étendre son empire africain
jusque l'Atlantique. Mais quelqu'un a crié : « Attention ! » Et aussitôt se drapant dans sa dignité,
elle a juré que là n'était pas son intention, et,
bonne âme, elle s'en est allée à la Conférence,
le cœur gros, signer la déchéance de son beau
rêve.

L'Allemagne, à la recherche du plus petit coin
de terre coloniale encore disponible, se lamente
depuis longtemps de n'avoir aucun intérêt dans le
bassin de la Méditerranée. Elle voudrait hériter

de quelque débris du monde musulman qui craque et menace de s'effondrer, et pour cela elle lui fait une cour assidue. Dans cette question du Maroc, elle a le droit pour elle. Malheureusement, elle a pris les allures d'un autre âge, d'un preux du xve siècle, et son empereur est monté sur la plus haute tour du donjon de Tanger et a jeté son gant de fer au monde ébahi. Beau Palatin, les défis ne se clament plus du haut des forteresses et les plaines ne retentissent plus du cliquetis des tournois !

Notre monde, s'il ne s'est pas amélioré quant aux passions humaines qui resteront éternellement les mêmes, s'est enveloppé d'un manteau de civilisation moins rude, plus fausse peut-être, mais ayant les apparences de douceur, de bienséance, d'urbanité. Et c'est pourquoi toutes les sympathies sont allées à la France. La force du coup de poing est devenue un peu vieux jeu, M. de Tattenbach, et l'air matamore d'un Bismarck, ne peut plus faire peur qu'aux moineaux !

Et je pense que, comme des larrons en foire, tout le monde s'entendra sur le dos de ce pauvre maghzen. Je me demande s'il se laissera égorger sans crier.

Pendant que mes pensées se perdent dans les

brouillards de la politique, notre vieux navire tangue ferme au milieu des courants contraires, des eaux des deux mers qui se joignent.

En face de nous la côte du Maroc se dessine dans un jour sombre. Une énorme masse rocheuse semble venir à notre rencontre, c'est un des contreforts de l'Oudjurra, non loin de Ceuta, forteresse espagnole. S'il était garni de canons, il serait bien plus redoutable que son concurrent d'en face. De Ceuta à Tarifa, autre citadelle sur le sol d'Espagne, il n'y a que 12 kilomètres, alors que devant Gibraltar le détroit a plus de 20 kilomètres.

Mais ce qui fait la force de l'Angleterre, c'est la baie d'Algésiras et les formidables cuirassés qui y dorment à l'ancre.

Une longue dune de sable blanc part de ce massif montagneux et enserre à moitié la baie vers laquelle nous naviguons ; l'autre moitié est bâtie en un amphithéâtre de maisons blanches. C'est Tanger.

Arrivée à Tanger.

Hâtons-nous, hâtons-nous d'aller voir le Maroc dans son indépendance. L'an prochain, ce sera trop tard. L'Europe et la civilisation s'y seront déjà installées en maîtresses. De grands travaux seront entrepris dans les ports, la police aura chassé ou éloigné les caractères fiers et beaux, et toute cette côte sera le prolongement de celle de Tunis, d'Alger, d'Oran sur laquelle on ne voit que grands hôtels européens, boulevards, promenades, jetées, tout le luxe du confort moderne. Et tout cela sera encombré d'une foule européenne. L'Arabe se sera retiré vers le sud, ne pouvant se courber sous le joug des Roumis, emportant avec lui vers les douars du désert, l'étrangeté de ses habitudes, de ses mœurs. Toute couleur locale aura disparu avec lui.

Le navire stoppe à un kilomètre du rivage, à cause du peu de profondeur de la mer. Des barques s'avancent vers nous, conduites par de beaux diables d'arbis. Ils accostent avec des cris gutturaux et de grands gestes de dispute. C'est à qui sera le plus vite grimpé sur le pont. Et aussitôt malles, colis, valises sont lancés par-dessus le bastingage avant que nous ayons pu prononcer une seule parole. Nous nous penchons pour voir si ces sauvages ne les ont pas jetés à l'eau. Mais déjà nous-mêmes nous nous sentons pris comme dans un étau. Des bras nerveux nous ont saisis, nous soulèvent, nous emportent, nous poussent au bas de l'escalier de *coupée*. Là, en bas, des bras de pieuvres se tendent vers nous, nous arrachent, nous font rouler au fond des barcasses que la mer soulève, abaisse, éloigne ou rapproche du navire en de fulgurantes sarabandes. On tombe les uns sur les autres, au milieu de colis hétéroclites.

Je regardais un spectacle étrange ; à l'autre bout du navire, une barque avait amené une douzaine de bœufs étiques. On leur passait une corde autour des cornes, puis les bêtes étaient hissées sur le navire à l'aide d'un cabestan. Rien n'était plus drôle que de voir gigoter dans l'air ces longs membres qui s'étendaient, comme pour chercher un point d'appui. J'étais en train de prendre une photographie d'un de ces pendus grotesques, quand je me sentis rudement pousser par les épaules. Je tombai à fond de cale sur mon appareil et sur la camériste de Mme Du Gast, de Paris, blottie au milieu des seize grandes malles de sa maîtresse, laquelle venait de choisir Tanger comme centre de ses exploits. Pendant qu'elle riait, je fis la grimace. Quelque chose d'inusité venait de se passer dans ma cheville. Un petit craquement, puis une douleur intense. Quand je pus me mettre debout, je vis avec inquiétude que j'avais le pied luxé. J'aurais voulu m'insurger contre ces brutes de Marocains, mais déjà ils avaient pris les avirons et ramaient avec insouciance, en chantant ou en s'invectivant.

Avant d'aborder à terre, il fallut encore nous hisser sur un débarcadère. C'est déjà un peu de civilisation. Il y a quelques années, tout le monde devait grimper sur les épaules robustes des Arabes pour sortir de l'eau. Je regrette d'être arrivé si tard, car il m'eût été agréable de rire de la mine effarouchée de ma jolie petite moqueuse, à califourchon sur le dos d'un de ces grands gaillards !

Au bout du débarcadère qu'on ne peut franchir

qu'en payant, grouille la foule la plus invraisemblable, la plus hétéroclite, la plus bigarrée, la plus comique que l'on puisse voir.

J'ai beau écarquiller mes yeux, mais devant moi tout est cahos et confusion ; cette foule est composée d'hommes bruns, noirs, jaunes, roux, olivâtres, tous grands et solides. L'un est aussi différent de son voisin qu'un Parisien l'est d'un Congolais. Il n'y a pas deux accoutrements les mêmes. Je vois à la minute cent espèces de turbans, cent sortes de burnous. Les visages sont rasés ou encadrés d'une belle barbe noire ou blanche, ou encore couverts de longs poils hirsutes, gris, fauves formant une toison impénétrable. Il y a là des loqueteux, des infirmes, des vagabonds, des brigands, des lépreux, des Arabes à la mise soignée, des gentlemen du désert, d'élégants caïds drapés dans des burnous bleu de ciel de toute beauté.

Et tout ce monde se bouscule, court, se déplace, crie, hurle, s'enguirlande. Tous ont l'air occupés, affairés ; ils poussent des bourriquots, chargent des colis, en déchargent d'autres, embarquent, débarquent en courant dans la mer, ayant de l'eau jusqu'à la ceinture, à moitié nus, leurs loques collant à leurs reins. Ils vont des barques au rivage,

portent des chèvres sur leurs épaules, les soulèvent par les cornes, avec des gestes d'un bur-
lesque et d'un comique incroyable. Mes yeux
regardent dans le vague, sans préciser, ne pouvant
prendre de points de repère, tant il y a des types
différents qui ne pouvant rester une minute en
place, transportent des colis énormes, passent au-
dessus d'autres, piétinent des coupons d'étoffes,
chargent de malheureux petits baudets d'une pyramide de colis haute de 2 mètres. Puis tout à coup,
patatras! Le tout s'écroule, roule par terre au
milieu de cris rauques, d'invectives hargneuses,
de longs regards chargés de colère. Et quelle
variété de marchandises! Elles encombrent tout,
la petite rue qui monte vers la ville, la petite
plage, la douane, le débarcadère. Tout est amon-
celé pêle-mêle, l'un sur l'autre, dans le plus grand
désordre. Des sacs d'orge gisent éventrés dans du
plâtre, du ciment, des moellons, des briques.
Nous passons sur plus de trois cents petits coupons de toile blanche, une seule petite ficelle les
entoure. Beaucoup sont déliés. Il faut enjamber
des caisses de verre, des sacs de pommes de terre,
des cages avec des poules, des barres de fer, des
poutrelles en bois; et puis encore des dalles, des
briquaillons, des malles, des valises. Il est incom-

ALGÉSIRAS. — HÔTEL MARIE-CHRISTINE.

préhensible qu'on sache démêler tout cet amal-
game. Je cherche avec anxiété mes colis. Mieux
vaut découvrir une épingle dans une botte de
foin. Tout ce monde a l'air énormément affairé et
quand viendra le soir on ne sera pas plus avancé,
on aura beaucoup couru, beaucoup crié et on
n'aura rien fait. Il est vrai qu'après une heure de
cette gymnastique, Arabes, Sémites, nègres
s'étendent au soleil, n'importe où, font la sieste
et puis... recommencent.

Comme je suis heureux d'être arrivé à Tanger
avant que les Européens ne soient venus mettre
de l'ordre, de la symétrie, de l'ennui dans tout ce
brillant enchevêtrement d'hommes, de bêtes, de
choses ! J'avance pas à pas, ébahi, les yeux ravis
par tout ce chatoiement de couleurs, de ces gestes
désordonnés, de cette vie exubérante. Il me faut
une demi-heure pour parcourir les 5o mètres qui
séparent le débarcadère de la grand'porte, entrée
de Tanger, percée dans la haute muraille, au-dessus
de laquelle brillent les gueules de douze vieux
canons, à peu près les seuls de ce pays. Ils ont
l'air de requins se chauffant le ventre au soleil,
sur quelque plage d'Afrique.

Sous la voûte, quand j'arrive enfin, mes valises
gisent là, à terre, devant trois vieillards superbes,

à belle barbe blanche. Ils sont accroupis sur des coussins écarlates, leurs belles mains enfoncées dans les larges manches de leur burnous blanc. Au milieu de tout ce bruit, ils sont calmes, rêvent et fument. Ce sont les représentants du sultan. Ils ne nous regardent même pas, ne bougent pas plus que des sphinx, et voilà que mes valises repartent au galop. Je veux les suivre par la petite rue montante, pavée de cailloux pointus et poisseux. Mais mon pied me fait mal, je marche avec difficulté, me garant des petits ânes malheureux, tristes, battus au sang, portant des caisses énormes, trois fois plus grosses qu'eux. Le long des murs de cette ruelle, des entassements de briques, qui s'écroulent et barrent le chemin. Le soleil chauffe, surchauffe et grille. Des piles de sacs de plâtre s'appuient aux murs blancs; au sommet, de beaux corps d'ébène ou d'acajou se prélassent et la peau brille, ardente.

Enfin, me voici arrivé à l'*Hôtel Continental*.

Je suis reçu par un majordome et par des serviteurs arabes. Ils portent la *chéchia* rouge, la veste bleue, la culotte brune, les bas de laine gris, les babouches jaunes. L'hôtel a bon air, il y fait très propre, les places sont spacieuses et on n'y respire pas cette odeur *sui generis* de l'Orient.

C'est un petit Eden au milieu de toute cette saleté, de toute cette crotte.

Malheureusement, je boite très fort.

Le docteur que j'ai fait appeler arrive à cheval. Il est de la plus grande élégance. Gants, souliers, guêtres du plus jaune, sans une souillure; culotte en peau de daim; jaquette, col, cravate de la plus impeccable coupe londonienne. C'est un Russe, parlant très bien le français, habillé à l'anglaise, vivant en pays maure. Il est charmant, il est aimable : il me demande une livre sterling pour sa petite visite et m'ordonne de rester plusieurs jours dans mon fauteuil !

Tanger, 16/17 mars 1906.

Me voici en Maugrabie, avec un pied bandé sur une chaise... Quelle guigne ! Cette nuit, j'ai beaucoup souffert. J'ai eu un cauchemar atroce. Des brigands d'Erassouli m'emportaient dans la plaine et de leurs longs yatagans, ils me frottaient la nuque, avec des signes que je ne comprenais que trop bien. Quelle épouvante !

Hier, à la tombée du jour, un Arabe en face de ma chambre s'est mis à chanter une mélopée bizarre, d'une voix triste et traînante. Le même refrain revenait à chaque minute. Il me parut composé de deux vers et j'ai ainsi transcrit leur consonance :

> Al cesse bey de moren
> Jé qui link, Bé mé roune

Il appuyait sur les deux premiers mots de

chaque phrase, puis la voix allait en mourant. Vers minuit, quand je m'endormis, il ne s'était pas encore arrêté, ne s'était pas reposé. Le ton et la chanson n'avaient pas varié.

Quand on est loin des siens, en pays étranger, et que l'on souffre, on se reporte facilement, en pur égoïste, au foyer familial. J'ai songé avec effroi aux rudes pionniers de la civilisation qui s'en vont mourir, loin de tout, loin de tous, affreusement seuls dans un pays hostile, sous l'implacable soleil du Congo, ne respirant que du feu dans la fièvre qui les dévore et dans l'agonie qui les étouffe. Gloire à eux!

J'ai passé bien des heures à penser à vous, ma chère mère, à l'exquise bonté de votre cœur, à votre dévouement et à votre abnégation allant jusqu'au sacrifice de vous-même. Combien vous me manquiez!

Dans le monde, il n'existe peut-être que ce seul sentiment de vrai. L'amour d'une mère pour ses enfants et réciproquement, est la seule passion du cœur humain qui ne laisse après elle ni regrets, ni désillusions, ni souffrances, ni amertumes!

Ce matin, le soleil est venu inonder ma chambre aux premières lueurs du jour. Quelle déveine de

devoir rester ici, quand il fait si beau dehors!
Heureusement je suis d'une philosophie à toute
épreuve. Je vivrais même dans un couvent au
milieu de mes chers livres, pourvu qu'un rayon
de soleil vienne égayer mon âme. Or, ma prison
est jolie et joyeuse, ma chambre tendue de bleu
est claire et la lumière brillante entre à profusion
par de vastes baies. Elle occupe une situation
privilégiée; elle forme coin et, de l'angle du bâti-
ment où je me trouve, j'ai vue d'un côté sur la mer
et de l'autre sur la ville.

Je tourne autour de ma chambre avec le soleil.
Le matin je m'installe en face de la baie de Tanger.
Au-dessous de moi grouille la foule pittoresque
des travailleurs de la mer. Des barquettes avec la
voile latine s'en vont au gré des flots et du vent,
pêcher en pleine mer. Le vieux navire de guerre
marocain, le *Turki*, le seul, l'unique, armé de
vieux canons, est là à l'ancre, comme endormi de
vieillesse et de vétusté. Il a fallu que, dans ces derniers temps, il se réveillât de son sommeil léthargique pour s'en aller clopin-clopant brûler un peu
de poudre contre la factorerie de Marchika, dernier soupir du More aussi, qui devra bientôt
quitter ces rives où sa domination s'exerce depuis
plus de quinze siècles.

A l'horizon, avec mes jumelles, je distingue les grands steamers, cités flottantes, qui s'en vont vers l'extrême Orient.

Dans la rue, au pied de l'hôtel, j'entends les petits tapotements des sabots de corne des petits ânes. Des enfants jouent, se chamaillent, s'amusent ; des marchands passent en criant des mots gutturaux, barbares.

Presque toutes les deux heures, mon serviteur arabe vient me rendre visite. Quel beau type ! Il a les chairs blanches à peine dorées. Une petite barbe noire estompe sa figure. Il a vraiment grand air. On dirait un cheik venant visiter un des ses prisonniers. Il a des yeux très doux et son abord est très sympathique Il est gentil et prévenant. Quand il entre, il me demande de façon charmante : « Missieu va bene ! » Puis il me dorlote, m'arrange, me soigne comme une petite femme. Vers midi, avec des précautions infinies, il m'aide à faire la traversée de ma chambre et m'installe du côté du soleil qui plonge ses rayons brûlants sur la ville toute blanche. Avant de me quitter, nous bavardons un peu Il sait quelques mots de français et d'espagnol. Il me dit que jamais la France ne pourra faire la conquête du Maroc. Elle se heurterait à une population énorme qu'on évalue à 16 millions. Il me cite vingt cités dans l'intérieur du pays que j'ignorais totalement. La plupart ont de 20 à 40,000 habitants. Tout ce que l'Algérie et la Tunisie renfermaient d'êtres indépendants, qui jamais n'ont voulu sentir sur eux la main d'un maître, se sont expatriés au Maroc. Depuis la mer jusqu'au fond des déserts, le pays est parcouru de peuplades généralement tranquilles, pourvu qu'on les laisse en paix. Mais la passion de tous, c'est l'indépendance. C'est à peu près le seul objet de conversation générale. Il faudrait des armées innombrables pour vaincre ces hommes farouches, tireurs hors ligne, cavaliers émérites, habitués aux privations, grands, forts, résistants, stoïques.

Amère ironie. On veut placer sous la surveillance d'une police européenne cette population de la côte et des ports qui est la plus tranquille qu'on puisse concevoir. Il se commet plus de crimes en un jour à Paris que dans cette partie du Maroc en un an. Et on laissera bien tranquilles les tribus belliqueuses du Sud, qui, seules, viennent jeter de temps à autre un peu de perturbation dans le nord du pays.

Légende encore, ces brigands qui désolent la plaine autour de Tanger !

TANGER. — VUE PRISE EN MER, A L'ARRIVÉE.

On va mettre des droits d'entrée sur les marchandises consommées par les seuls étrangers ! Ceux-ci devront payer un impôt au sultan, alors qu'il n'a jamais rien exigé d'eux !

Tous les commerçants d'ici, Français, Espagnols, Anglais, voient de mauvais œil ce qui se trame à Algésiras.

Je regarde maintenant du côté de la ville.

Le ciel est d'un bleu-violet intense, brillant. La ville s'étage aux flancs de la colline que surmonte la *Kasbah*. Elle forme un amas de cubes blancs, jetés là, au hasard, les uns contre les autres. Certains sont plus élevés ; d'autres plus petits, se cachent à l'ombre des premiers. Tout est plâtre et ciment. Les toitures sont des terrasses auxquelles on accède de l'intérieur par des portiques qui se dressent dans l'air comme des fantômes blancs. Les murs sont blanchis à la chaux dans laquelle on a délayé un peu de bleu pour atténuer la crudité de cette lumière trop intense.

De-ci de-là, de gros dômes éblouissants de clarté surgissent de la monotonie des terrasses plates : ce sont des marabouts, tombeaux des saints. Près de là, des mosquées qui n'ont rien d'architectural. On ne les devine qu'aux fins minarets qui s'élancent dans le ciel embrasé et au haut desquels le *muezzin* vient, quand la nuit commence à descendre, chanter sa prière, la face tournée vers la Mecque.

Là-haut, au pied de la *Kasbah*, la pointe rocheuse de la colline montre sa lépreuse nudité. Tout le long du jour, une foule de fantômes blancs viennent y gîter. Pendant des heures et des heures, ils restent là étendus dans le poudroiement du soleil africain. Puis ils s'en vont, lentement, ainsi que des malades, pendant que d'autres viennent les remplacer.

En face de ma fenêtre, un vieil Arabe à barbe blanche est monté sur sa terrasse et nettoie un revolver. Il le démonte pièce par pièce et passe toute son après-midi à le frotter, à l'astiquer. Quand vers le soir, il a enfin fini, il tire quelques balles dans le mur du voisin et puis s'en va, satisfait. Les Arabes sont de grands enfants : un joujou les amuse pendant tout un jour. Le matin et le soir, les terrasses s'animent quelque peu. L'hôtel est très élevé et de ma chambre, mes regards plongent dans les cours et sur les terrasses des maisons arabes. Avec des jumelles, je fouille chaque coin, afin de surprendre quelques miettes de la vie intérieure de ce peuple mystérieux. J'ai parcouru plusieurs fois l'Algérie et la Tunisie, sans jamais voir

des femmes arabes, que leurs yeux brillants derrière le *haïk* malencontreux Ici, ma reclusion
forcée me permet d'admirer quelques beaux types.
Le matin, elles sortent, craintives et farouches, pour
mettre sécher leurs nippes. Quand elles arrivent
au clair soleil, un grand voile cache leur jolie
tête. Puis, quand elles ont jeté aux alentours des
regards scrutateurs et qu'elles se croient seules,
elles le laissent glisser peu à peu sur les épaules.
Elles ne se doutent pas qu'à 5o mètres de
là, un Roumi caché derrière les rideaux de sa
fenêtre, les regarde et les admire. Ce sont
réellement de très jolies femmes. La figuro est
pâle, presque diaphane; les cheveux sont noirs,
très abondants, ils sont tordus en deux tresses
enveloppées, à partir des épaules, de soie mauve
ou vert pâle, puis passent sous la ceinture du
corsage et se rejoignent au bas des reins; le nez
est petit, mais un peu rond; les yeux sont grands,
profonds et ils paraissent plus sombres et plus
troublants à cause du henné dont elles teignent
leurs paupières; la bouche est plutôt grande, mais
bien charpentée; le menton est rond et barré de
quelques lignes de henné.

Mais ce qui fait leur charme, c'est la souplesse
et l'élégance qui se dégagent de toute leur per-

sonne. Elles sont grandes, bien faites, une large ceinture en soie bleue, mauve ou rouge entoure leur taille svelte.

Leur costume est léger comme la tunique des séraphins : un peu de zéphyr et de gaze! Un pantalon ordinairement en soie de couleur tendre se noue au-dessus de la cheville par un ruban d'une autre teinte. Une chemisette de mousseline enserre la poitrine robuste et c'est tout! Le cou bien dégagé est entouré de deux ou trois rangs de perles ou de verroterie de couleur. Aux pieds, aux poignets, aux oreilles de grands anneaux de cuivre. Les ongles sont teints en rouge. Leurs jolis petits pieds sont chaussés de babouches de couleur à talon très haut. Leur démarche est altière et fière. C'est vraiment dommage qu'on ne puisse admirer de plus près ces êtres charmants!

Ce matin, j'ai assisté à une petite scène de famille. Dans une cour de quelques mètres carrés, une vieille matrone lessivait. Un jeune Arabe, d'une trentaine d'années, beau et fort soigné de sa personne, mangeait près d'elle. Une jeune femme d'une grande beauté vint se courber profondément devant lui et s'assit à ses côtés. Elle était accompagnée d'une toute jeune fille de douze à quinze ans. Elle tendit la main au maître, mais lui la repoussait toujours. Elle se leva et alla lui chercher un peu d'eau. Quand il eut bu quelques gorgées, il passa le broc à la vieille mère qui se désaltéra, puis le tendit aux deux jeunes femmes. Enfin l'homme, rassasié, se fit meilleur. Il lui restait un petit morceau de pain; il le coupa en deux et en remit la moitié à chacune des deux quémandeuses; celles-ci, enchantées de cette aubaine, allèrent tapoter doucement la figure sévère de l'Arabe. qui les regarda avec satisfaction.

Le soleil vient de se cacher derrière la *Kasbah !*

L'ombre va bientôt descendre. En face, sur une haute terrasse, deux femmes font de grands gestes à une personne que je ne vois pas et qui doit être assez éloignée, car après bien des signes elles se haussent enfin sur un banc, comme pour mieux voir. Mais on n'a pas l'air de les comprendre ! Elles sont énervées et gesticulent fort. Elles montrent la plaine au-dessus de la colline et elles semblent convier quelqu'un à aller les y rejoindre. Enfin elles sont comprises, car en un clin d'œil elles disparaissent rapides, joyeuses.

La nuit est venue. Dans chaque rue des cris gutturaux, accompagnés de gong, font rage dans les cafés arabes. Un bruit assourdissant monte de la ville vers le ciel étoilé. Dans la petite ruelle d'en face, une dizaine d'hommes sont accroupis ; l'un chante une mélopée et tous les autres reprennent en chœur un refrain très long. Et cela dure, cela dure jusqu'à ce que je m'endorme.

Enfin voilà le troisième jour qui se lève depuis mon arrivée à Tanger. Je pourrai aujourd'hui faire une petite visite dans la ville.

Dans la rue, je choisis un beau grand mulet, qui porte une spacieuse selle de dame ; je m'y installe comme dans un grand fauteuil et en avant !

Un jeune Arabe, beau comme un éphèbe, me pilote dans le dédale des petites ruelles qui toutes partent d'en bas et gravissent la colline en longs rubans tortueux. Deux ânes peuvent à peine s'y croiser en se frottant les reins aux murs. Quand l'un d'eux porte une charge un peu trop volumineuse, il faut s'arrêter, reculer, chercher un carrefour, au milieu des vociférations des conducteurs qui piquent les pauvres bêtes, toujours à la même place, place sanguinolente, en leur criant du matin au soir : « Ra-ra-ra ». On entend ce mot guttural tout le long du jour.

Les ruelles sont sales à ravir, puantes, pavées de petits cailloux ronds. Elles sont encombrées d'enfants aux beaux yeux noirs, de vieilles femmes à la bouche édentée, hideuses sorcières enveloppées dans une couverture aussi dégoûtante que le cloaque dans lequel pataugent leurs pieds nus, décharnés, aux doigts recroquevillés. De hauts murs, à gauche et à droite. Ils sont blancs, bleuâtres, infects à la base. Tous les dix mètres des portes basses, étroites, noires, forment des plaques d'ombre sur la blancheur crue de ces habitations de plâtre, qu'on ne voit pas. Plus haut, quelques lucarnes, quelques moucharabiés, sorte de fenêtres arabes qui cachent à l'étranger l'œil qui là derrière le regarde passer. Le soleil raie les murailles à mi-hauteur de longues bandes brillantes et jette une note claire, celle de l'Orient, dans ce labyrinthe sordide.

Parfois une porte s'ouvre à l'improviste ; rapidement elle se referme. Des yeux larges, brillants, apparaissent, lancent un éclair, rentrent dans l'ombre. On a à peine entrevu un petit corridor sombre, dallé de rouge, aux revêtements de faïence bleue.

Ding-ding ! Des marchands d'eau passent à chaque instant, jusque bien tard dans la nuit ; ce sont des nègres du plus beau noir, ardents à la besogne, infatigables. Ils n'ont qu'un pagne gris à la ceinture. Sur leurs épaules, ils portent une peau de bouc, noire, remplie d'eau. Ils tiennent dans la main gauche le robinet de cuivre brillant et dans la droite une cloche recurée, astiquée, flamboyante. Ils s'en vont rapides, courant plutôt, criant à tue-tête : « *Agua-agua !* »

Par un dédale de ruelles étroites et roides, nous montons, nous grimpons vers la *Kasbah*. Nous voici enfin arrivés à la pointe de la colline que j'aperçois si bien de ma chambre. Sur la terre schisteuse, gluante, des fantômes blancs sont accroupis et ne bougent pas plus que des sphinx. On ne voit ni mains, ni figure, ni pieds. Des femmes, jolies peut-être, sont là, une dizaine, disséminées et cachées sur ce bout de rocher. Elles prennent un bain de soleil, si secourable aux malades. Elles n'ont aucune forme humaine ; on dirait des sacs gonflés, jaunes, gris, que le vent a emportés là-haut. Elles resteront ainsi des heures et des heures, sans faire le moindre mouvement. Je prends une photographie de ce groupe immuable, avec tout le panorama des terrasses immaculées de Tanger, qui descendent en gradins jusqu'à la mer.

Un Arabe, très soigné, sort de la *Kasbah* et jette à mon appareil et à moi un regard haineux ; la reproduction du corps humain est défendue selon les rites de leur religion.

TANGER. — LE DÉBARCADÈRE.

En face, de hautes murailles crénelées domi-nent toute la ville ; derrière se trouvent le palais du gouvernement et le siège des diverses administrations du sultan : la caserne, la prison. Tous ces bâtiments sont informes, misérables, sans art.

Près de l'entrée principale, je jette un coup d'œil dans une espèce de petit réduit obscur d'où part un murmure de voix enfantines : c'est une école arabe. Cela ressemble plutôt à une cave. Sous une voûte basse une trentaine de gamins sont accroupis à même le sol. La porte seule laisse passer un peu de lumière dans cette caverne. Les enfants tiennent dans une main un carton recou-vert d'hiéroglyphes arabes et dans l'autre un petit bâton pointu dont l'extrémité court ou s'arrête à un endroit quelconque du papier. Tous balancent le buste d'arrière en avant, en un même rythme, épelant de la même voix nasillarde, les sentences du Koran. Dans chaque rue, il y a une école sem-blable, et déjà à la pointe du jour on entend le murmure de ces crécelles enfantines.

C'est ainsi qu'on leur apprend, jusque l'âge de douze ans, à lire leur « bible ». On ne leur expli-que rien, pas même l'alphabet. Ils ne peuvent com-prendre que les seuls cartons qu'ils ont noircis avec leurs mains d'enfants sales. Quelques années plus tard, la moitié d'entre eux ne savent plus rien. Voilà toute l'instruction qu'on leur inculque.

A côté de l'école se trouve la mosquée. Il y en a un grand nombre disséminées dans tous les quartiers de la ville. Un mur cache aux yeux des étrangers l'entrée même du temple de Mahomet. Du matin au soir, des Arabes pénètrent à l'intérieur, vont faire leurs ablutions à la fontaine qui se trouve dans la cour, puis, laissant leurs chaussures sur le seuil, ils pénètrent dans le lieu saint, en se prosternant le visage contre terre, tous les deux mètres, jusqu'au Mihrab tourné vers la Mecque, au fond duquel brûle la petite lampe éternelle. C'est là leur principale, presque leur seule occupation de la journée.

Pénétrons dans la cour de la *Kasbah*. Des soldats coiffés du fez rouge, enserrés dans une tunique rouge, chaussés de brodequins jaunes, gardent avec nonchalance diverses entrées par lesquelles nous ne pouvons pénétrer.

Voici la prison. A travers les barreaux d'une grille, on aperçoit un cachot à peine éclairé, cave fétide, de laquelle montent des relents de fumier. Des êtres déguenillés, hommes, femmes et enfants, se promènent les fers aux pieds et aux mains, ou sont accroupis sur des dalles couvertes de paille pourrie et de détritus infects. On dirait un antre de lépreux, une fosse au fond de laquelle des ours crottés tournent au milieu de leurs excréments. Ces êtres nous regardent avec des yeux de bêtes ignobles, de crapauds visqueux, de scorpions vénéneux. Je jette quelques sous aux geôliers, marchands d'horreurs, et je m'enfuis, effaré, écœuré.

Heureusement, à quelques pas de là, je me trouve sur le plateau qui domine la ville, sur le *Marchan*. D'ici, on a une vue admirable sur Tanger, sur la baie, sur tout le détroit de Gibraltar. La plaine commence ici. Des villas européennes se cachent au milieu d'une végétation tropicale, sauvage, qu'on laisse pousser à la diable, sans y mettre la main, en plein désordre.

Au delà, un douar, village de Berbères, composé d'une cinquantaine de tentes environ, noires comme du charbon, s'adosse à des cactus géants. Des chevaux misérables, en liberté, paissent un maigre gazon. Du côté de l'ouest, le *Marchan* tombe à pic dans la mer. En face, le plateau ondule et s'étend à perte de vue dans un fouillis de plantations, de palmiers, de villas. Les petits sentiers, bordés de plantes grasses, épineuses, descendent et montent, se cachent dans des gorges d'ombre, réapparaissent au plein soleil qui grésille tout. Des femmes arabes se promènent en petit nombre, elles rebroussent chemin quand nous allons à leur rencontre ou mettent la main devant les yeux, trous noirs dans le *haïk*, quand elles passent près de nous.

Quelle délicieuse promenade à travers cet enchevêtrement de branches, de longs roseaux de bambou, de cerisiers en fleurs, d'orangers qui parfument l'air. Je fais le tour de la légation de Belgique, enfoncée dans un fouillis inextricable de végétation luxuriante.

Je vais loin, dans la douceur d'un air pur, léger, sans penser, heureux de vivre, balancé au pas cadencé de ma mule. C'est l'atmosphère éthérée des pays chauds, quand le soleil commence à baisser à l'horizon et que la brise de mer se lève et vient vous rafraîchir. On se sent tellement léger, qu'on semble transformé en sylphe, les pieds ne touchant plus terre. On ressent les mêmes délicieuses sensations près du lac d'Ischevl, en Tunisie !

Une amazone très grande, très élégante, passe à côté de nous, sur un étalon arabe, pommelé, de toute beauté. C'est Mme Du Gast qu'accompagne le directeur de la poste française. Quelle beauté démoniaque !

J'arrive au seuil de la plaine du Riff, infestée de brigands, selon la chronique hebdomadaire des journaux d'Europe. J'ai beau m'avancer très loin, scruter l'horizon, je n'en aperçois aucun. Je parcours la campagne la plus tranquille qu'on puisse rencontrer. Elle est vallonnée, forme des étendues claires et des vallées étroites remplies de ténèbres. Jusqu'aussi loin que je puis voir, elle est cultivée et le grain pousse dru et vert là où je pensais trouver un désert aride. Une large route sablonneuse monte vers l'horizon. C'est celle qui conduit à Fez. On m'assure qu'elle est parfaitement tranquille. Hier, un jeune Italien et sa dame sont partis, avec une escorte de quelques cavaliers seulement. Je rêve aussi d'y aller, par petites étapes, tout en chassant la gazelle et le sanglier !

Des cavaliers, en burnous bleu, sur des chevaux splendides, le long fusil à l'épaule, arrivent de la ville mystérieuse !

Des courriers, apportant la poste, ont fait le trajet à pied et arrivent légers, poudreux. Il fait presque nuit quand, après une chevauchée de plusieurs heures dans la plaine, je me décide à rentrer en ville. Les cafés arabes sont remplis. Des consommateurs, assis à terre jusqu'au milieu de la rue, fument leur narghillé en buvant leur petite tasse de *kaoba*. A l'intérieur, de vieux Bonzes, à barbe blanche, coiffés du gros turban multicolore, sont accroupis sur des nattes. D'un œil atone, ils regardent danser des almées, belles filles aux gestes harmonieux, qui font sonner leurs tambourins au-dessus de leur tête. Je m'endors heureux, dans un rêve de charme et de volupté !

Tanger, le 18 mars 1906.

Aujourd'hui dimanche, il y a foule au grand marché arabe. La ruelle principale, qui y conduit, est un peu plus large que les autres; elle monte de la mer, se déroulant comme un reptile en plis tortueux. Il y règne un mouvement intense. Elle est encombrée d'Arabes flâneurs aux burnous multicolores; de petits ânes qui grimpent la côte avec courage et difficulté, portant sur leur maigre croupe des pyramides de colis, des couffins remplis de sable, de ciment ou de chaux, de grands diables efflanqués qui leur donnent des coups en veux-tu en voilà, des malles jaunes de touristes anglais, des facteurs de poste français, allemands, anglais, espagnols en uniforme de la mère patrie, des miss anglaises au paletot mastic, aux

cheveux roux enveloppés de gaze bleue, des missionnaires chrétiens à la large barbe noire, à la
robe de bure et aux pieds mi-nus, des femmes
arabes voilées portant sur leur dos, en un sac de
toile, leur progéniture. Puis passent de petits chevaux énergiques montés par des Maures aux
regards fiers, armés de pied en cap, ou par des
membres du corps diplomatique en souliers vernis
et gants gris perle. C'est tout un monde bizarre,
mélange de toutes les races, qui descend et qui
monte la rue, s'arrêtant au centre : au petit
marché, le *Zocco chico*. C'est un carrefour grand
de 10 mètres carrés où viennent aboutir une
dizaine de petites ruelles. C'est ici que se con-
centre l'activité européenne. Les quatre postes
rivales y ont ouvert comptoir, se faisant concur-
rence, en des taudis sombres. Un grand bazar
oriental, un changeur arabe, un puits public où
des moricauds viennent remplir leurs outres vides,
un *Café de la marine*, un *Café de Paris*, ont bien
de la peine à se caser sur cette petite place. Dans
les ruelles adjacentes, des marchands d'articles
allemands, des perruquiers anglais, des confiseurs
italiens, des pharmaciens espagnols logent en des
réduits infects, étalent leurs marchandises sur
des tréteaux en plein air. Propriétaires ou ven-

TANGER. — VUE PRISE DE LA KASBAH.

deurs sont presque tous juifs espagnols ou arabes, connaissant les différentes langues. L'on vous vend en livres sterling, en pesetas, en francs, en douros, en marks. On vous rend à la fois cinq sortes de monnaie, surtout celles dont on a intérêt à se défaire par suite d'un brusque mouvement du change.

La population espagnole est considérable à Tanger. Mais combien elle est misérable et sordide! Des filles, des femmes, des enfants vous regardent insolemment, montrent des visages difformes, des têtes énormes, des cous goîtreux, des jambes torses, toute la lamentable cohorte des misérables au sang impur. Quelle horreur, quelle détresse habite ces bouges honteux, fangeux, sur le pas desquels se montrent des êtres anormaux, affublés de robes de soie bleue, bas de soie noire, babouches gentilles!

Après le petit *Socco*, la rue monte plus drue encore jusqu'au Grand Marché (*Socco de Barra*) qui s'accroche au dernier gradin de la colline, non loin du *Marchan*. Des établis, des boutiques arabes s'allongent des deux côtés de ce couloir que des articles de toutes sortes, étoffes, burnous, harnais, appendus au-dessus de votre tête, rendent plus sombre encore. Les savetiers, les batteurs de cuivre travaillent avec ardeur; les autres ne font rien. Couchés au fond de leur boutique, en fumant, ils attendent la venue de la clientèle, ne faisant pas l'article quand elle se présente — c'est à prendre ou à laisser — puis se rendorment. Quelques pas plus loin, cinq ou six cryptes, ouvertes au soleil, tendues de tapis et d'étoffes écarlates, offrent un spectacle plus joyeux, plus élégant. Ce sont les officines des écrivains publics. On dirait qu'on a choisi les plus beaux spécimens de la race humaine pour les exposer là. On les a habillés des vêtements les plus riches, des robes les plus soyeuses; on leur a choisi les costumes qui se prêtent le mieux à grandir et à déifier l'homme, la longue robe flottante dans laquelle s'est drapée la majesté du Christ et des apôtres, à l'aube du nouveau monde!

Ils ont la figure des grands patriarches, des prophètes d'Israël, des grands tragiques grecs, des empereurs romains : jamais, on ne pourra concevoir traits plus nobles, plus empreints de bonté, de mansuétude, de sagesse, de gravité sereine.

Je me suis extasié longtemps devant eux, admirant la beauté de cette race, qui est restée splendide, dans sa liberté et son indépendance, à l'abri des soucis et des tracas de la civilisation.

En les voyant si majestueux et si fiers, j'ai fait bien d'amères réflexions sur nos peuples du Nord, exténués, fiévreux, laids, vieillards dans la maturité de l'âge. Et je me suis demandé ce que nous avions gagné à être des civilisés !

Au fond de leur petit bureau exotique, les beaux écrivains copient, traduisent, remplissent de grandes feuilles blanches de petites arabesques noires.

Il faut pousser, crier, se laisser pressurer pour faire son entrée sur le *Socco de Barra.*

Mais quelle joie de s'y trouver ! Où suis-je réellement ? Au centre de l'Afrique, à Tombouctou, ou retourné vingt siècles en arrière au milieu des barbares de Rome ou de Carthage ?

Il faudrait la plume d'un Flaubert pour décrire cette cohue de types de tous les pays d'Orient, cohorte du rivage africain que l'on croirait chassée des murs de Carthage au temps de Salambô.

Ici sont réunis tous les musulmans du nord de l'Afrique, depuis l'Égyptien jusqu'au nègre d'au delà du désert. Ils vivent dans ce pays, en pleine indépendance. Tous les caractères indomptés d'Algérie et de Tunisie que les armes françaises pourchassent au sud de Biskra, de Touggourt, sont venus se réfugier sur le sol du Maroc. Admironsles vite, car, bientôt, misérables errants, ils devront s'en aller vers le sud, vers les sables brûlants, à la recherche d'une nouvelle patrie. Quel bonheur de n'apercevoir ni police, ni gendarmes, ni garde-chiourme! Pour la première fois de ma vie, je me sens réellement libre.

Quelle variété extraordinaire d'oripeaux, de haillons, de burnous, de turbans, sont jetés en plis majestueux sur les plus beaux corps de la création, musculeux, bien bâtis, grands, nerveux! Peau ambrée, cuivrée, dorée, culottée, du brun clair acajou au noir le plus foncé. Corps taillés dans un bloc d'ébène, poli, brillant. Les uns couverts de sacs gris, de manteaux blancs, bleus, noirs. D'autres ressemblent à des cénobites, avec leur long burnous bleu à capuchon noir, relevé sur une tête complètement rasée. Mer mouvante de turbans larges, énormes, formés de longues bandes de toile blanche ou de bandes de flanelle rouge, bleue, bariolée. Les misérables s'enroulent autour de la tête une corde en poil de chèvre. Les nomades du Riff n'ont rien, mais au sommet de leur crâne ils ont laissé croître une touffe de cheveux, afin que, au jour de leur mort, l'ange libérateur puisse les emporter dans le ciel de Mahomet.

Beaucoup vont nu-pieds ; d'autres circulent avec

des sandales de cordes, de sparterie, de lanières de cuir. Les mieux chaussés portent la pantoufle de cuir marocain de différentes teintes, surtout jaune. Les femmes marchent difficilement sur de petits sabots de bois, très hauts, retenus seulement sur le dessus du pied par une mince courroie.

La vaste place est divisée en différents quartiers formant des corporations distinctes : vendeurs de volailles, de charbon de bois, d'herbe verte, de grains, de fritures, de sucreries roses aux essences d'Orient, de petites mousselines légères pour femmes, d'étoffes plus lourdes pour les hommes, de chaussures de toute espèce, de harnachements en cuir jaune. Les marchands sont accroupis à terre, à côté de leur maigre boutique ; la plupart somnolent. Les juifs arabes font l'article et interpellent les passants. La foule bariolée circule au milieu de tous ces groupements, en discutant, jacassant, se querellant. Tout le continent noir est ici représenté : Soudanais, Congolais, nègres de Sierra-Leone, Sénégalais, se mêlent aux Arabes, aux Berbères, aux Ethiopiens, aux Égyptiens, aux Turcs. Voici un nègre décrépi à la chevelure et à la barbe d'un blanc neigeux. Il est couvert de colliers, de bibelots, de verroteries ; trois grandes plumes de perroquet sont fixées au sommet de sa tête; le cou, les oreilles, les chevilles sont encerclés de cuivre. Pour un sou, il ouvre une bouche fendue jusqu'aux oreilles, gouffre affreux au fond duquel se tortille une langue visqueuse, fourchue, fendue en deux. Un autre nègre, couvert de calicot et de plumes de toutes couleurs, vient sautiller autour de vous. Des fétiches, amulettes, divinités grotesques taillées dans le bois, pendent à sa ceinture et sur ses épaules. Deux pas plus loin, vous devez passer au milieu d'une double haie de lépreux, de paralytiques, de scrofuleux, tronçons horribles de chairs tuméfiées, sanguinolentes. Des mouches voltigent sur ces pourritures vivantes qui achèvent de se corrompre au soleil africain et que des chacals guettent déjà, à quelques pas plus loin, dans la brousse. Géants mutilés n'ayant plus qu'un pied ou qu'une main, torses déchirés, coupés en deux, mâchoires craquées, cicatrices ouvertes et purulentes par tout le corps, toute l'horreur d'un charnier, toute la misère humaine, toute la cour des miracles réunie en un même lieu.

Sur le dessus, des groupes de femmes accroupies forment comme une longue ligne de pélicans blancs. Elles regardent par les petits trous de leur voile, la multitude qui grouille à leurs pieds. Elles écoutent à peine les devins, les féticheurs qui leur présentent des *gris-gris* (porte-bonheur); elles regardent avec curiosité différents groupes formés de Maures pouilleux ou élégants qui, étendus sur le sol, entourent un charmeur de serpents ou un avaleur de scorpions, ou encore écoutent un grand diable d'halluciné mi-noir, mi-brun qui depuis le matin chante ou conte des histoires invraisemblables. Un jeune Arabe parlant un peu de français me traduit ses paroles : « Il dit avoir traversé les déserts au milieu des plus grandes privations, venant de l'orient; il chante la gloire et la beauté de la Mecque; il entrevoit l'extase et le bonheur au ciel de Mahomet; il dit son rêve de la nuit dernière : il a vu des guerriers traverser la plaine, bien près ; il a entendu le hennissement de leurs chevaux. La guerre approche. Il chante les prouesses de quelques héros fameux. » Ses auditeurs l'écoutent, impassibles, et lui jettent de temps en temps un sou.

Je passe là bien des heures au milieu de ces êtres étranges, à regarder toutes ces faces asiatiques, divinement belles, comme taillées dans des marbres précieux, ou ces figures bestiales, masques de damnés de la race noire, dont les beaux corps semblent sculptés dans de l'ébène.

Tous les yeux sont noirs, ardents, pleins de flammes avec, parfois, d'étranges stries blanches ou bleuâtres dans l'iris démesurément large.

Je vais m'asseoir, tout en haut, et longtemps je regarde le marché si mouvant, aux couleurs si vives, sous un soleil en fusion et je songe que je suis si près et si loin du xxe siècle, si près et si loin de l'Europe !

Vers le soir, en rentrant, en face de ma fenêtre, un grand Arbi, seul sur sa terrasse, est debout et ne bouge pas plus qu'une momie. Il reste long-temps en méditation, puis il étend les mains vers la Mecque, avance d'un pas, recule de deux, s'age-nouille, se relève, se couche à plat ventre, baise la terre à différentes reprises, continue ses sala-malecs pendant près d'une heure.

Cette longue silhouette se détachant dans le ciel, à la fin, indécise dans l'ombre, implorant la divinité, seule, dans le calme du soir, semblait dominer toute la ville et tout le continent africain. Sa prière était si fervente, si sincère, que ce geste ignoré des foules, fit plus d'impression sur moi que toutes les cérémonies brillantes vues chez les chrétiens d'Espagne.

J'ai parcouru bien des fois encore les ruelles tor-tueuses et le marché exotique du *Socco de Barra*.

TANGER. — TYPES ARABES.

Je suis allé loin à cheval dans la campagne, autour de la ville. J'ai respiré à pleins poumons l'air pur de la grande liberté. Je me suis enivré d'espace, de lumière, de chaleur, de mouvement, de farniente. J'ai passé bien des jours heureux sur ton sol, ô splendide terre d'Afrique !

Voilà huit jours que je suis ici et je ne puis me résoudre à quitter ce pays dont j'admire tant la barbarie et la majesté infinie.

Aujourd'hui, je jette un dernier coup d'œil sur la *Kasbah*. Des milliers d'hirondelles se sont rassemblées sur les vieux murs crénelés ; elles gazouillent joyeusement dans l'aube matinale. Puis la bande ailée s'élève, se déroule, s'allonge, s'étire, se disperse et bientôt n'est plus qu'une mince ligne noire qui file vers le nord, vers l'Europe. Seront-elles arrivées avant moi, ces jolies messagères de printemps que vous attendez là-bas avec impatience, parents et amis ?

Comme elles, mais sans espoir de retour, je quitte ces rives hospitalières, heureuses, tranquilles. L'an prochain, elles seront peut-être héroïques, sanglantes, au contact de notre civilisation.

. . . .

La mer est houleuse. Il me faut plus d'une

heure pour atteindre le navire au large. La barquette qui nous porte vient se heurter formida-
blement contre la coque d'acier. Je suis trempé,
mouillé par l'embrun quand, après bien des difficultés, je réussis à m'accrocher à l'échelle et à me
hisser sur le pont.

En mer, jeudi 22 mars 1906.

Un formidable bruit de chaînes qui grincent contre l'acier du navire, des coups de sifflet stridents, des matelots qui courent et tirent aux cordages, la machine qui se met à ronfler dans l'entrepont, et nous voilà partis.

Le *Rabat* s'éloigne lentement ainsi qu'un vieux sabot qui s'en va à la dérive. Il gagne péniblement le milieu du détroit. Le temps est sombre et pluvieux, le vent souffle furieux, venant de l'Atlantique. Notre vieux navire fait de vains efforts pour atteindre une vitesse de 6 à 8 nœuds à l'heure. Il grince et il gémit lamentablement ; dans la houle, on perçoit comme des plaintes d'un moribond à l'agonie. On dirait que, par un dernier effort de volonté, il se redresse sur son lit de douleur, atteint la cime des vagues, reste un moment inerte comme privé de vie, puis s'abaisse, s'effondre, meurt et s'enfonce dans l'abîme, rigide, comme un cercueil qu'on laisse glisser au sein des flots. On pense à la puérilité des choses terrestres et on a la sensation de s'engloutir, de glisser aussi dans la mort.

La côte d'Espagne apparaît blonde, ambrée, telle la croûte dorée d'un gâteau. De l'autre côté, les rochers noirs d'Afrique descendent à pic dans la mer. Bientôt la muraille sombre s'arrête brusquement, au cap Spartel. Elle forme un angle droit et fuit vers le sud. Les eaux des deux Océans se mêlent, sans bruit, sans que rien ne paraisse. Le continent noir qui de plus en plus s'éloigne, puis s'efface à l'horizon, paraît bien sombre par ce temps gris et maussade.

Nous passons devant les rochers roux de Trafalgar. Un Anglais, jeune marié, qui depuis deux heures geint à fendre l'âme, loque vivante, affalé dans les bras de sa femme, se redresse un moment, porte la main à sa casquette, fait un geste mou et flasque, puis retombe épuisé, abruti.

Notre vieux *Rabat* nous abat et nous rabat, tant il danse, évolue de gauche et de droite, donne de la bande, embarque des paquets de mer, tourne sur lui-même, ne sait plus avancer, monte et descend comme, sur les foires, les barquettes des montagnes russes. Le vent l'attaque de toute part, nous naviguons vers le nord-ouest. Nous coupons le détroit en biais et nous nous dirigeons vers Cadix, formidable vaisseau flottant, qu'on aperçoit à l'horizon teinté de rouge par les rayons du soleil qui s'abaisse de plus en plus vers la mer.

Le spectacle devient pénible, triste, douloureux. Le ciel paraît une toile en grisaille sur la surface de laquelle courent de nombreux nuages noirs. Ils se suivent rapides, plus sombres, plus formidables, tels d'énormes vampires qui feraient de gigantesques efforts pour s'atteindre et s'entr'égorger. C'est une infernale course à l'abîme.

Au fond de ce ciel de misère, sur cette eau qui paraît maintenant glauque et verte, le soleil se couche avec langueur et lassitude. De longues stries rougeoyantes s'étendent mollement vers la forteresse grise et froide qu'est Cadix, immense roc de granit brun planté là au milieu de l'Océan. Dans la pénombre du soir, on ne voit pas la mince languette de terre qui le relie au sol d'Espagne.

Le bronze des canons au haut des grandes murailles de la ville brille un instant dans l'éclair sanglant d'un dernier rayon de soleil. Mon âme s’emplit de terreur et de désespérance. Un vieil Espagnol à côté de moi, en braquant ses jumelles sur ces vieux défenseurs de sa patrie, dit grotesque : « Cela n’est bon que pour faire des dett-o-nations ! »

Ce cadre crépusculaire est infiniment triste. Il est bien le cadre qu’il faut à cette malheureuse terre d’Espagne dont le génie a sombré depuis des siècles.

Bientôt le soleil n’est plus qu’une énorme boule, d’un rouge terne. Ne serait-ce pas plutôt la lune qui s’est levée pendant que mes pensées se sont mises à vagabonder depuis quelques instants? Il n’y a plus de rayons lumineux courant sur la crête des vagues noires et sinistres. Le globe, maintenant violacé, s’enfonce de plus en plus dans la mer. Tout à coup une immense croix noire aux contours nets vient se projeter sur cet écran dont la lueur falote pâlit d’instant en instant. Puis tout s’abîme dans les flots.

Je reste longtemps appuyé sur le bastingage, dans la tourmente et sous la pluie, abîmé dans mes réflexions, me demandant si ce n’est pas un présage que ce signe symbolique s’effondrant dans le néant. La nuit est venue, pas très opaque, et, sur le ciel teinté de gris lunaire, l’ombre des hautes flèches des églises de Cadix se profile nettement.

Enfin nous arrivons dans l'estuaire du Guadalquivir et nous stoppons à plus de 1 kilomètre de la ville, au milieu d'une flottille de bateaux de pêche, de navires marchands, de cuirassés gigantesques et à côté du charmant yacht le *Giralda* sur lequel le roi s'embarquera demain pour faire son premier voyage aux îles Canaries.

Le petit remorqueur s'approche de nous avec mille difficultés. Nous nous laissons glisser le long des cordages dans un gouffre d'ombre. On nous agrippe dans le remous des vagues, dans la buée et l'embrun de l'eau qui gicle sur les parois du navire, et puis déferle sur nous.

Cadix, vendredi 23 mars 1906.

Oh! la jolie ville qu'est Cadix, vue par une radieuse matinée de soleil. Elle est neuve, elle est blanche, elle est pimpante. Elle est née, il y a quelques siècles seulement, quand la cité ancienne, celle des Phéniciens, des Romains et des Maures, s'est écroulée dans l'abîme. Les eaux avaient rongé pendant des siècles la base rocheuse sur laquelle elle était assise, et puis, un beau jour, la mer engloutit tout. Pour Cadix la Nouvelle, on a entouré le rocher d'une muraille énorme de ciment et de dur gravier que les flots n'entament pas.

Les rues sont presque droites, pas très larges. Les façades des maisons sont très hautes, toutes blanches, garnies à chaque étage de jolis miradores peints en vert pâle. Cette enfilade de loggias

TANGER. — ENTRÉE DU MARCHÉ MAURE SOKO DE BARRA.

élégantes est d'un très bel effet. Dans l'artère principale, de beaux magasins luxueux voisinent avec des cercles privés, richement meublés.

Le soir, la lumière électrique, comme dans toutes les villes d'Espagne d'ailleurs, fait briller l'or et l'argent aux étalages.

On fait le tour de Cadix par une jolie promenade qui borde la mer tout le temps. Du côté de la terre, la ville est défendue par une énorme masse de murailles dont les Français ne purent jamais avoir raison au commencement du XIXe siècle. On passe sous de nombreuses voûtes pour atteindre la longue bande de sable qui relie la ville à San-Fernando et à l'Espagne. Un tramway belge court sur cette dune.

Cadix a beaucoup perdu depuis que les colonies se sont rendues indépendantes. C'est là que s'embarquaient tous les fiers guerriers, les missionnaires, les marchands. C'est là que venaient se déverser l'or et les richesses des pays d'outre-mer.

Aujourd'hui, tout est plongé dans un farniente déprimant ; mais on projette d'approfondir le port de façon que les grands steamers puissent accoster. Les relations des pays du Nord avec l'Amérique du Sud en profiteraient, par l'établissement de lignes rapides qui pourraient faire la traversée en quinze jours.

Le roi vient demain faire visite à l'hôtel de ville et à la cathédrale. On ne s'en douterait pas. Personne ne bouge.

Sur la route de San-Fernando, de jolies villas entourées de jardins verdoyants égayent la promenade favorite de la foule de Cadix. Je me suis arrêté dans un petit restaurant dont la terrasse s'avance au-dessus de la mer.

Deux jolies Andalouses jouaient de la guitare devant un public peu nombreux et le claquement de leurs castagnettes vibrait, sonore, dans l'air pur et chaud du matin. Ces accords tantôt langoureux, tantôt brefs et rapides m'enchantèrent; ils me bercèrent délicieusement sous la caresse du soleil. J'offris un verre de manzanarille, le plus beau vin d'or de toute l'Espagne, aux deux jolies gitanas et je fus heureux, très heureux pendant plusieurs heures, ivre de farniente et de volupté, devant cette belle mer diaprée.

En route pour Séville.

Je vais maintenant vers la dernière étape de mon voyage. J'ai réservé pour la fin le meilleur morceau. Tout le monde ici m'a chanté les louanges de Séville. Ce sera l'apothéose de ma course rapide, mais combien instructive, sur la terre d'Espagne.

C'est toi, ô ville radieuse, que j'ai le plus désiré connaître depuis ma tendre jeunesse! Je vais donc voir tes belles filles danser la *jota* ou la *fandango* au son des castagnettes, dans leur joli costume tout fleuri, au milieu des places baignées de soleil et plantées de palmiers et d'orangers. Je vais donc pouvoir me délecter dans ton atmosphère de gaieté, de poésie, de chanson et d'amour. Tu me feras oublier le restant de la terre, les humains aux méchantes passions, les rancœurs et les misères de la vie, toutes les vulgarités, toutes les déceptions qu'il faut subir; je veux vivre pendant plusieurs jours le rêve qui n'a cessé de me poursuivre depuis des ans et des ans; je veux enfin donner corps, une fois en mon existence, à toutes mes illusions. Je veux m'enivrer de beauté, de soleil et de tendresse.

Giralda, Esméralda, Carmen ! Ces noms tintent à mon oreille, comme le bruissement argentin et harmonieux des cloches de Séville, que des sonneurs fameux balancent et accompagnent dans l'air. Je me laisserai bercer sur les flots du beau fleuve du Guadalquivir au son des guitares et des mandolines.

Je me remémorerai les plus jolis motifs de l'exquise musique des maîtres qui ont voulu magnifier la vie de Séville : de Mozart dans son *Don Juan* et ses *Noces de Figaro*, de Bizet dans sa *Carmen*, de Rossini dans *le Barbier de Séville*.

Je me rappellerai les vers des poètes, je me souviendrai des aquarelles et des tableaux des grands peintres, je songerai à vous tous, merveilleux artistes, qui avez chanté la joie de vivre de ce merveilleux pays.

Je tâcherai de concentrer en moi toute cette harmonie, pour que plus tard, dans la vie, dans les jours de désespoir, je sois toujours soutenu par cette vision de clarté, de bonté et de beauté infinies.

Mes pensées heureuses se succèdent, rapides, pendant que le train qui m'emporte tourne tout autour de la baie circulaire de Cadix. De tous côtés, des amas de constructions blanches éclatent au soleil : Cadix, San-Fernando, Puerta de Santa-Maria, Puerta Réal, Trocadero, La Caracca, toutes ces blanches villes se mirent dans l'eau de la baie et l'entourent comme d'une ceinture éblouissante. Le train court au milieu d'un labyrinthe de marais salants. De hautes pyramides de sel, éclatantes de blancheur, les cristaux irradiés par le soleil, sont parsemées dans la plaine.

Des ânes broutent une sorte de fougère brune. Eux aussi, loin des pénibles travaux, ils ont l'air heureux. Un vieil aliboron, couché, lèche un bloc de sel, symbole de l'amertume de sa vie.

De loin, Cadix qui s'éloigne, donne raison au dicton arabe : « Elle semble un plat d'argent posé sur la mer. »

Voici Jerez de la Frontrera, renommée par ses vins fameux. La gare est animée. C'est étonnant. Pour le passage du roi, on cloue des faisceaux de drapeaux au-dessus des portes et des fenêtres qui sont garnies d'une guirlande de jeunes branches de sapin vert tendre dans lesquelles sont piqués çà et là, de petits bouquets de fleurs rouges et bleues. C'est très frais et très joli.

Nous traversons maintenant une lande déserte, couverte d'une bruyère noire. Des flaques d'eau grandes et petites, formant marais, sont bordées de pins dont les têtes rondes, sur de grêles tiges droites, sont semblables aux nuages violacés qui flânent bas, vers le soleil, se couchant dans un ciel orange.

Mon cœur de vieux chasseur se réveille et mes yeux lancent des éclairs. Nous traversons un pays béni de saint Hubert. Je vois voler des bécassines isolées, des lignes droites ou triangulaires de canards, des bandes de pluviers ; de longs hérons se promènent tranquillement près de la ligne du chemin de fer, ils ont l'air de nous narguer, avec leurs petits yeux malins qui, à dix mètres, voient le moindre insecte se promener sous les herbes et les ajoncs. Des Anglais, des Américains viennent chasser ici. Ils y rencontrent parfois l'outarde rare. Dans cette lande immense qui s'en va jusqu'au Guadalquivir, vivent de nombreuses variétés de serpents et l'on prétend même qu'il y existe encore une troupe de chameaux sauvages. En tous cas, je ne les ai pas vus !

L'aspect de la campagne change brusquement. Voici les grands pâturages où paissent d'innombrables troupeaux de taureaux et de vaches, bruns ou noirs. Ces animaux, élevés en vue des courses, appartiennent à des propriétaires fameux, connus de toute l'Espagne, et dont les couleurs sont applaudies dans toutes les *corridas*. Ils ont nom : duc de Varagua, Miura, I Barra.

Un Espagnol aimable, parlant bien le français, remarque ma curiosité éveillée. En passant devant un troupeau de bœufs au pelage clair, il me dit : « Ce sont des *cabestros*, les véritables gardiens des taureaux ; ils s'en vont vers le grand pâturage clôturé que vous voyez là-bas, dans lequel vivent peut-être une centaine de taureaux bien en forme pour les courses. Ce sont des animaux redoutables dans la prairie. Ils vivent séparés des vaches et ne connaissent, hiver comme été, que la grande plaine sévillanne. Au printemps, ils se battent furieusement. Personne ne peut approcher ces bêtes sauvages. Quand quelques-unes sont vendues à un entrepreneur de *corridas*, les bons bœufs *cabestros* s'en vont vers le troupeau redouté. Ils partent gaiement après avoir reçu les instructions du *vaquero* qui leur désigne une bête, un peu à l'écart. Celle-ci est bientôt entourée par ces aimables visiteurs. Le taureau leur donne comme salut quelques coups de corne, mais bientôt il s'apprivoise et se laisse entraîner petit à petit par ces enjoleurs de *cabestros* qui s'en vont au bout de la prairie, reviennent, font un circuit, lêchent le taureau. Celui-ci, dérouté, conquis, se laisse conduire. Ils s'en vont ainsi faire tous ensemble un brin de promenade vers une avenue, bordée de pieux, qui va toujours se rétrécissant. Ici redoublent les attentions, les amabilités, car le taureau se méfie, se tient sur ses gardes. Enfin, après beaucoup de patience, la petite troupe s'engouffre dans une enceinte que l'on ferme immédiatement. La manœuvre se renouvelle plusieurs fois avec le même succès.

Nous sommes à la veille de la course. Il s'agit maintenant de conduire les animaux dans les torrils des arènes. Ce sont encore les *cabestros* qui feront toute la besogne. En pleine nuit, on part. Trois *vaqueros* à cheval, armés de la lance, s'en vont avec le petit troupeau, dans le silence absolu de la prairie. Ils vont vite, car le lieu d'arrivée se trouve parfois distant de huit ou dix lieues, et il faut arriver avant le lever du soleil. Un des hommes, en tête, crie tout le long de la route : « *Apartarse !* » (Écartez-vous). Les passants, prévenus, se cachent. Les *vaqueros* distinguent dans l'ombre les *cabestros* des *toros*, parce que ceux-ci ont le pelage plus sombre, rouge, brun ou noir.

» Les bêtes ont de cinq à six ans quand on les emmène pour les jeux du cirque.

TANGER. — TYPES ARABES.

» Les troupeaux d'une *ganaderia* vivent tout le temps en liberté. A un an, les petits sont séparés de leur mère et ils sont marqués au fer rouge. Vers l'âge de deux ans, taureaux et génisses sont amenés dans un champ clos où ils subissent l'épreuve du courage. Ils sont présentés aux *vaqueros*, montés sur des haridelles, armés de la lance. Des chevaux sont éventrés comme dans de véritables courses. C'est là aussi que ces rudes gardiens des troupeaux apprennent l'art difficile de la tauromachie. Tous se croient aptes à devenir le plus fin *espada* de l'Andalousie. Pour être déclarés *bravos*, les bêtes doivent recevoir trente coups de lance au moins, et revenir continuellement à la charge. Si elles abandonnent le combat, elles sont livrées à la boucherie. »

Je remercie mon aimable compagnon de ces renseignements intéressants, mais je ne puis m'empêcher de lui dire :

« J'ai vu plusieurs *corridas* en Espagne et ailleurs, mais mon impression est toujours la même. Je trouve ce spectacle bien cruel et n'offrant, somme toute, que bien peu d'attrait. Les paris sont impossibles, sinon je comprendrais la fièvre du jeu, comme sur nos champs de course; au surplus, j'ai toujours remarqué que le taureau ne fait qu'un bond, puis s'arrête. Il suffit d'esquiver le coup de corne, qui est terrible, mais la bête ne poursuit pas son adversaire.

— D'abord c'est une erreur de croire que nous aimons ce spectacle parce qu'il est sanglant. Voyez, quand un *espada* s'acharne sur un taureau, combien la foule siffle et combien elle applaudit quand un seul coup bien porté arrête net les souffrances de l'animal. Puis, nous ne voyons plus le sang, par habitude, ni les pauvres chevaux : tout cela n'existe plus pour nous. Notre attention se porte uniquement sur le bout des cornes pointues. Nous en suivons tous les détails, tous les mouvements. Nous pensons ainsi que la bête. Comme elle, nous nous demandons, comment nous esquiverions le coup mortel. Nous voyons ses yeux suivre tous les mouvements de son ennemi. Puis nous comprenons les moindres gestes de ces hommes braves au delà de toute expression, dont la moindre faute, la moindre défaillance, entraîne la mort, le déshonneur. Tout un brillant passé anéanti; tout un avenir ensoleillé à jamais brisé, même quand la mort ne s'ensuit pas. Vous ne pouvez vous imaginer quel sang-froid, quelle connaissance de caractère particulier à chaque bête, quelle acuité de regard, quelle domination il faut exercer sur ses nerfs, pour se présenter devant un ennemi si redoutable, quand vous n'êtes armé que d'une épée et que pour cette pointe il n'y a qu'un seul petit espace vulnérable, grand comme une pièce de cinq francs, sur ce grand corps de taureau qui fond sur vous, terrible. A la guerre, on est entraîné malgré soi; à l'affût des bêtes sauvages, on a pris d'infinies précautions pour pouvoir se sauver en cas de danger. Ici, rien, vous êtes seul, il faut vous défendre, c'est à la vie ou à la mort. Après l'homme brave, ce qu'il y a de plus noble sur la terre, c'est un *toro bravo*. Jamais il ne vous attaquera par derrière et jamais il ne donnera un coup de corne à un ennemi qui est étendu dans la poussière.

— Je pense en effet que vous avez raison, Monsieur, mais nous ne pouvons pas bien saisir ce sentiment. N'ayant pas l'habitude d'en parler depuis notre enfance, nous ne le possédons pas comme vous, par atavisme. »

Il fait presque nuit, quand je songe à regarder à travers la vitre du wagon. La plaine est plate cette fois, les blés sont hauts déjà. J'aperçois de loin un méandre du Guadalquivir. Les paysans reviennent des champs, juchés sur des ânes.

Je pense à un pays un peu semblable à celui-ci,

là-bas en Flandre, dans ma patrie. Je songe à une partie de chasse, que j'y ai faite, dans la propriété du baron de ..., à Woemen. Un marais immense, coupé de canaux qui s'en vont tortueux entre des roseaux et des ajoncs prodigieux, hauts de 2 à 3 mètres. Une barquette nous conduisait dans ce labyrinthe. Des sarcelles, des canards partaient des fourrés de droite et de gauche, des courlis, des macreuses sifflaient au-dessus de nous, de grandes bandes de canards s'envolaient avec effroi. Puis au delà du marais, une grande plaine humide, entrecoupée de fossés. Et j'ai vu là un petit chien caniche faire absolument l'office des *cabestros*, auprès des volées de canards qui s'abattaient au large. Il s'en allait seul comme perdu dans l'immensité. Autour des canards sauvages il faisait d'immenses cercles qui devenaient de plus en plus petits. Les oiseaux défiants regardaient cette manœuvre sans y rien comprendre. Mais voilà qu'ils se mettent aussi en marche. Ils s'en vont du côté du chien. Celui-ci fait demi-tour et va les amuser dans la prairie en des circuits, en des détours, en des méandres, puis il les conduit par un sentier au milieu des ajoncs jusqu'à une mare couverte d'un immense filet.

Séville, enfin !

Séville, le 24 mars 1906.

Il pleut et il fait froid. Je grelotte en me levant. Je regarde tristement dans la rue. Elle est déserte. Il est 10 heures cependant. Je descends. La petite place qui se trouve en face de l'*Hôtel de Paris* est noyée. Les palmiers et les orangers pleurent. Mon âme a d'infinies tristesses. De rares passants s'en vont mélancoliquement, abrités sous de grands parapluies rouges. Un rayon de soleil perce enfin la nue noire, je me risque dehors, et me voilà bientôt devant la Cathédrale.

Mais à l'heure où je trace ces lignes, au moment de quitter Séville, aurai-je encore la force de décrire des monuments ?

Que me font à moi toutes ces vieilles constructions, toutes ces ruines antiques qu'on ne visite souvent, que par pure convention, parce que cela est indiqué dans le Baedecker? Les touristes ne sont en général que des moutons de Panurge.

Et puis j'en ai tant vu dans mon voyage, de vieilles pierres, des tableaux quelconques, des marbres et des bois sculptés! Cela commence à devenir une obsession. Je ne suis pas seulement venu ici, pour admirer l'œuvre des siècles passés!

On est cependant frappé des proportions grandioses de l'intérieur de la Cathédrale. Les nefs sont très hautes et l'ensemble produirait une impression de solennelle majesté, sans le chœur qui se trouve encore au centre et monte jusqu'aux voûtes. Les vitraux ont l'air de tapis de velours de toutes nuances qui seraient traversés de flammes incandescentes. Le *Saint Antoine*, de Murillo, volé, puis retrouvé en Amérique, est un pur chef-d'œuvre. On veut me montrer d'autres œuvres d'art, d'autres souvenirs historiques. Je ne veux plus rien voir et je sors pour admirer la tour de la *Giralda*. Elle est belle, elle est rose, elle est élégante, elle projette sa sveltesse dans l'air, bien haut. Elle est couronnée d'un joli dôme, œuvre des rois chrétiens ; elle a une centaine de mètres de hauteur. De l'intérieur, on arrive sans fatigue au faîte, non par des escaliers, mais par un plan

incliné qui monte en longeant les quatre murs
intérieurs de la tour carrée. De belles fenêtres
ajimez laissent voir, au fur et à mesure de la mon-
tée, un panorama toujours plus vaste. En haut,
tout autour, de grosses cloches sont suspendues
au-dessus de larges baies. Quand elles sonnent,
leurs bouches d'airain s'élancent dans le vide
comme pour mieux projeter dans la ville et dans
la plaine leurs vibrations sonores. Il y en a en
argent et en bronze. Elles portent toutes des noms
étranges. Anciennement, des sonneurs hardis
s'élançaient avec elles hors de la tour. A la suite
d'un accident arrivé il y a une dizaine d'années,
ces exercices audacieux ont été défendus.

J'arrive trop tard!

Je regarde mélancoliquement au loin.

Je vois une ville plate, quelques flèches d'églises,
le fleuve qui se promène en méandres dans la
plaine; celle-ci est uniforme, immense, couverte
de blés verts; quelques arbres maigres de-ci de-là.
A droite, hors ville, plusieurs cheminées d'usine;
à gauche, dans le lointain, la campagne est bornée
par de petites collines.

Par ce triste temps, le paysage me paraît aussi
monotone que celui de nos plaines brabançonnes.

De la Giralda à l'Alcazar, il n'y a pas loin.

Dans cet antique palais arabe, un seul beau *patio*
qui rappelle la cour des Lions de l'Alhambra de
Grenade. La salle des Ambassadeurs, blanc et or,
possède une voûte hardie aux mille enluminures;
mais on distingue partout la main des rois chrétiens : de Pierre le Cruel et de sa favorite, Maria
de Padilla, de Charles-Quint qui fit placer dans
les plafonds et les encoignures en pur style arabe,
des médaillons gothiques avec ses armes. Le petit
patio de Las Doncellas est un heureux alliage du
style arabe avec le style renaissance.

Les jardins sont grands et ont dû être fort
beaux; ils ont été pendant longtemps très négligés.
Il y a là des magnolias et des cèdres de proportions énormes. Toutes ces allées étaient autrefois
pavées de jolis carreaux de faïence. Entre chaque
dessin, le bec d'un petit tuyau affleurait, imper-
ceptible. Pierre le Cruel avait inventé cette infinité de jets d'eau, et il prenait plaisir à les faire
marcher, soudain, quand Maria de Padilla ou de
ses invités se promenaient dans le parc, avec
insouciance.

La pluie a cessé, mais le soleil brille tristement.
Les rues sont désertes. Les maisons paraissent
inhabitées. Presque toutes ont le *patio* intérieur,
dallé de marbre blanc; une grille le sépare du

CADIX. — LA CATHÉDRALE.

porche donnant sur la rue. En passant, je ne vois aucune trace de vie humaine. Quelques rares plantes vertes ornent seules ces solitudes. En hiver, tout le monde loge dans les appartements de l'étage. Ceux du dessous ne sont habités que l'été.

Je cherche toujours la beauté sévillane. Je me dirige vers la fabrique de tabac dans laquelle travaillent quelques milliers d'ouvrières.

. . . .

Au bout de dix minutes, j'en suis sorti écœuré, navré. Je me suis promené à travers deux immenses salles, entre une vieille matrone (la surveillante) et un employé de l'État. Ces salles sont basses, voûtées, malpropres, obscures, pavées de carreaux rouges brisés. A gauche et à droite, des rangées de bancs boiteux, infects, sur lesquels des femmes roulent des cigares ou des cigarettes. On voulait encore me faire voir une troisième salle semblable. J'ai demandé grâce. Quoi, ce sont là les jolies cigarières de Séville tant vantées, ces femmes vieilles, laides, édentées, portant sur leur figure l'empreinte de la misère! Beaucoup sont venues au travail avec leur bébé, qu'elles allaitent devant tout le monde ou qu'elles endorment tout en travaillant, un pied balançant le berceau fait de quatre vieilles planches. J'ai vu peut-être une douzaine de jeunes femmes, entre les vingt et trente ans, aux yeux hardis, une fleur rouge dans la chevelure noire.

Venise, Séville ! les deux villes sœurs des imaginations fécondes. Votre réputation n'a-t-elle pas été surfaite ? La première m'a cependant laissé de bien doux et ravissants souvenirs. Et combien je la préfère à la seconde, avec son *Lido* et les jolies dentellières de l'île de Burano !

Je parcours le parc Maria-Louisa et le *poseo* de Las Delicias, promenades favorites du Séville élégant et mondain. Des bonnes-d'enfant et quelques voitures de maître, c'est tout ce que j'ai vu.

Je veux aller visiter Triana, le faubourg autrefois fameux, habité par les gitanes, mon guide me dit qu'il n'en existe plus ! La race s'est éparpillée sur les grands chemins d'Europe. Nous y allons quand même. Je m'arrête sur le pont au-dessus du Guadalquivir, je regarde le fleuve. Les eaux sont terreuses et sales. Il est encombré de steamers qui projettent dans l'air, des fumées noires. Sur les deux rives, des wagons sont chargés, déchargés, roulés ; des grues qui grincent fort, enlèvent des bennes qui vont des navires aux wagons. Du charbon d'Angleterre est échangé contre des minerais de fer, de cuivre et de plomb qui viennent du *Rio*

Tinto. Et tout cela se fait en un bruit d'usine, de sifflements aigus et au milieu d'une odeur de goudron, de fumée âcre, d'huiles brûlées. Pouah !

A Triana, je n'ai rien vu, pas même un moderne Bohémien.

Comme certains propriétaires de chasses, qui commandent des battues à l'envers ou font traquer des enceintes sans gibiers, histoire de tuer le temps, ou de faire croquer le marmot à leurs invités, mon guide m'a conduit vers la fabrique de céramique. Un misérable potier tournait sa meule, sous un abatis ouvert à tous les vents, à côté de fours délabrés. Dans le magasin de vente, assez joli, les faïences d'Allemagne voisinent avec celles de France et sont vendues comme produits du pays.

Nous revenons dans le centre de la ville. Seule, une rue étroite, macadamisée, interdite aux voitures, la calle de Las Sierpes, est animée. Tout le long du jour des hommes y flânent, sortent d'un café, font cent pas de promenade, rentrent dans un autre. La plupart sont coiffés du grand chapeau de feutre plat et sont rasés comme des Anglais. Peu de bourgeois, ici ; beaucoup d'oisifs en guenilles.

Le soir, au bout de la calle de Las Sierpes, ces

hommes s'engouffrent dans la misérable salle de spectacle *les Novedades*. De huit heures du soir à deux heures du matin, ils applaudissent ou sifflent des danseuses qui rappellent déjà plus la « belle de New-York » que la belle de Séville. Elles ont des dessous vaporeux de couleur tendre. Elles empoignent le bas de leurs robes à deux mains, l'élèvent à hauteur de leur figure, et s'en vont, les jambes raides et le dos courbé, en chantant des ritournelles anglaises. A ma sortie, un orgue de Barbarie jouait dans la rue la scie du jour :

> Voulez-vous, ma-de-moiselle,
> Dan-ser la danse nouvelle ?

Je m'enfuis !

Séville, dimanche 25 mars 1906.

Aujourd'hui dimanche, il pleut toujours. Je me fais conduire en voiture dans plusieurs églises, pendant les offices, afin de saisir un coin de la vie de cette ville, dont on ne devine rien. Je suis étonné du petit nombre des fidèles. Des dames d'âge mûr déjà, sont agenouillées pêle-mêle, sur les dalles, devant le chœur. Une rangée clairsemée d'hommes debout, entoure le petit groupe de femmes prosternées.

Ici comme ailleurs, la religion n'apparaît plus que comme un léger manteau antique, dont on aime à se parer, aux grands jours ! Que vienne la semaine sainte, le mois prochain, les édifices du culte seront encombrés nuit et jour, mais l'on viendra surtout admirer, les illuminations grandioses, les trésors sortis des sacristies, les chasubles d'or et d'argent, les reliques des saints, les grands crucifix ornés de diamants et de rubis, la décoration des chapelles éclairées à giorno, tout ce faste de l'Église catholique dans un pays où elle a conservé toute sa puissance et sa richesse. Un bon vieux prêtre, qui vient de tirer le rideau derrière lequel pleure un grand christ de Ribéra, répond à mes questions avec une tristesse bien visible.

« Oui, me dit-il, c'est vrai, le peuple espagnol qui vit et meurt dans la foi, n'est pas le modèle des chrétiens. D'abord, l'homme ici ne fait rien. A quoi voulez-vous donc qu'il pense? Les mœurs deviennent vite licencieuses et alors, petit à petit, on se fait unereligion facile que l'on adapte à son genre de vie. Mais nous, nous devons aussi faire notre meâ-culpâ. Le prêtre espagnol, enfant d'un peuple oisif, a cherché dans la vie religieuse, la position qui plaisait le mieux à sa nature indolente.

» Il s'est fait religieux pour couler au fond des monastères une vie douce et calme, il n'a pas eu d'élan pour la science et pour le prosélytisme.

» Le recrutement du clergé séculier a toujours été plus difficile ; et encore s'est-il borné, dans l'exercice de ses fonctions, au strict nécessaire. Pendant des siècles, l'Église espagnole s'est endormie dans sa force. Elle n'a pas été vigilante et n'a rien fait pour l'instruction et l'éducation du peuple; elle n'est pas allée à lui pour le secouer de sa torpeur, elle a méconnu ses devoirs essentiels, elle n'a pas vu que la vraie et sainte religion s'en allait des cœurs et des cerveaux des hommes, parce que tous restaient catholiques quand même : les sectes impies n'ayant jamais pris racine sur le sol sacré d'Espagne. Ajoutez à cela des moyens de communication impossibles, vers la montagne, vers la province. Les prêtres des petites communes rurales n'ont aucun rapport entre eux, ni même avec l'autorité épiscopale. Il n'y a pas eu de propagande depuis des centaines d'années, voilà le mal. La foi sans les œuvres est une foi morte. Mais j'ai confiance. Il suffirait d'un peu de souffle régénérateur pour rendre toutes ces pauvres ouailles à la compréhension d'une religion plus haute et plus digne.

— Je le souhaite pour vous, » dis-je au bon père en le quittant.

Depuis lors, j'ai souvent pensé aux paroles de ce religieux qui disait des choses si vraies, sur un ton aussi monotone.

Lui aussi, laissera passer les ans sans rien faire !

Et c'est vrai qu'on ne voit presque pas de prêtres ici en Espagne.

En chemin de fer on n'en rencontre jamais. Ceux que l'on croise dans les villes sont de vénérables religieux. Personne ne fait attention à eux et ils passent sans bruit, calmes, pleins de dignité. Et j'ai remarqué cet air de grande bonté et de simplicité chez tous ceux que j'ai approchés dans les cathédrales ou les églises. Quelle différence avec nos jeunes vicaires qui s'en vont par les rues, trottinant, fiers, le nez au vent !

Et maintenant qu'arrivera-t-il au jour de la régénération du peuple espagnol ? Et d'abord, pourra-t-il jamais secouer la torpeur dans laquelle il se complaît, ainsi que son demi-frère, l'Arabe du nord de l'Afrique ? Cette question primordiale mériterait une étude approfondie. Et en supposant qu'il puisse jeter au loin son manteau léthargique, qui l'emportera de l'esprit ancien ou de l'esprit nouveau ? Le peuple espagnol est peut-être à un des grands tournants de son histoire ? Quand il reprendra vie, le terrain sera propice et pour la propagande religieuse et pour la propagande socialiste. Ce sera un duel terrible. Les nations d'Eu-

CADIX. — L'AYUNTAMIENTO.

rope ont progressé petit à petit depuis deux siècles. Le Japon, qui s'est révélé soudainement de nos jours, a conservé et ses mœurs et sa religion. Que fera l'Espagne, réveillée tout à coup? Elle n'est pas instruite, elle n'est pas préparée pour recevoir d'un seul jet tout ce régime de la démocratie; je crains bien que ce peuple fanatique au plus haut degré n'étant pas éduqué, n'ayant pas assez de sens pratique, de sens moral, de conscience, d'empire sur lui-même, n'aille aux pires extrémités, dès qu'il se mettra en marche. Les bombes lancées çà et là semblent donner raison à cette thèse. Ce qui pourrait sauver ce pays, ce serait bien l'indolence de ses nationaux. Qu'on se hâte donc de créer partout des écoles, pour faire des hommes au jugement sain, et alors ils sauront choisir eux-mêmes leur religion.

Que faire par ce vilain temps, sinon de philosopher? Encore si on avait la ressource de fumer un bon cigare, mais tout ce que la régie vend est mauvais. J'ai essayé des Infectados à 1 peseta pièce, j'ai dû les jeter.

On me conseille d'aller voir un combat de coqs au *Novedadès*. C'est le seul lieu de divertissement, avec un autre petit théâtre, de tout Séville.

Et moi qui n'ai jamais voulu assister dans mon

pays à un spectacle que j'ai toujours qualifié de répugnant, me voilà sur les gradins en bois que l'on a posés au milieu de la salle. Devant nous, sur une estrade ronde entourée d'un treillis, deux coqs sont mis en présence. Ils sont comiquement attifés. La queue a été coupée à cinq doigts de longueur et forme une aigrette raide, tel un éventail dont il ne serait resté que les branches ; la tête et les cuisses ont été déplumées et mises au rouge vif.

Les deux adversaires sont vite aux prises, ils sont souples et petits. A comparer à nos grands coqs de combat, ce sont des nains. Ils sont un peu plus gros que des coqs anglais. Ils ne prennent pas le temps de se reposer. Quelles courageuses petites bêtes ! Leurs longs éperons ne leur servent guère, ils se donnent de furieux coups de bec au cou et à la tête. L'un des deux a toujours la même tactique et touche chaque fois son adversaire à la même place. Bientôt là, une plaie béante s'ouvre et toujours, toujours, le petit dard pointu s'enfonce davantage. La lassitude des deux combattants commence à se manifester. Les têtes sont toutes sanguinolentes, on n'y distingue plus rien, pas même les yeux. Quelle horreur ! Les deux pauvres coqs ploient sur leurs solides petits jarrets ! Les coups s'espacent. L'un penche la tête lamentablement. Mon cœur se soulève de dégoût et je quitte la salle avant la fin de la première joute.

Où me réfugier?

J'ai passé deux bonnes heures au Musée. Elles m'ont fait oublier les pensées moroses qui m'assaillent depuis mon arrivée à Séville! Dans la contemplation des toiles exposées là, l'école espagnole apparaît nette, précise. Elle n'est pas bien grande d'ailleurs. Elle se compose surtout de quatre peintres qui se sont succédé rapidement : Ribalta, Ribéra, Zurbaran, Murillo. Ils ont une connaissance approfondie du modelage et du dessin. Leurs compositions représentent toutes des sujets religieux, peints sur commande pour des monastères ou des églises. La dévotion et le mysticisme espagnol y sont représentés jusque dans leurs détails lugubres, tristes, cruels. Le fond de leurs toiles est presque toujours très sombre. Les figures ne sont éclairées que d'un côté, ce sont tous clairs-obscurs. Mais cela donne aux traits des reliefs puissants. Dans tous les paysages admirés en Espagne, j'avais déjà remarqué cette intensité des lignes. Chez les hommes et les femmes, surtout en Andalousie, les traits du visage sont accentués, réguliers. Le relief produit des ombres fort prononcées. Voilà, selon moi, ce qui fait l'originalité de l'école espagnole. Le peintre a reproduit cette netteté et cette acuité des lignes, dues surtout à la pureté et à la séche-resse de l'atmosphère. Un seul, Murillo, a eu tout le génie nécessaire pour fixer sur la toile autre chose que la ligne; il y a ajouté le coloris, ce coloris particulier de l'Espagne. Le teint chaud et doré des beaux visages andalous, il a pu l'imiter. Il lui a donné cette vie qui est le sceau du génie. Combien il est regrettable que Murillo n'ait pas peint des sujets allégoriques, mythologiques, ou simplement des scènes de la vie de son pays! Quel dommage qu'il n'ait pas fixé sur la toile la beauté des femmes qui l'entouraient! Faut-il voir là encore l'influence des mœurs arabes et du Koran qui interdit la reproduction de la figure humaine? Les Espagnols n'aiment pas non plus que la femme se montre en public. C'est assez pour penser, qu'on n'ait pas voulu nous la faire admirer, par la repro-duction du pinceau.

Le soir, un coin du voile qui cache la vie sévil-lane s'est soulevé. Je suis allé passer quelques heures au théâtre et là j'ai pu étudier le goût et la mentalité des spectateurs.

En m'y rendant pour déguster les deux dernières

tranches du spectacle, j'ai traversé des rues sombres et désertes. De-ci de-là, des hommes arrêtés devant des fenêtres grillagées, parlaient bas à des femmes invisibles derrière des volets de bois à treillis ; d'autres amoureux se tenaient les mains enlacées à travers les grilles des *patios*. Séville a décidément conservé tout le mystère du harem.

Au théâtre, la quatrième petite pièce a commencé à dix heures au lieu de sept heures. Salle comble d'hommes, à peine quelques dames d'âge mûr. On joue d'abord *La Patrona del Regimento*. L'action est simple : Un jeune homme doit partir pour le régiment. Il a écrit à Madrid pour être exempté comme seul soutien de sa mère. Le père s'est engagé depuis bien des années dans l'armée régulière contre les carlistes, mais depuis on n'a plus eu de ses nouvelles. La mère pleure, le fils vient la caresser et l'embrasser. Il la confie à sa fiancée qui, elle aussi, se lamente. Sur la place du village, elles vont toutes deux se jeter aux pieds de la Madone et prient. Mais voilà le régiment qui passe, pour emmener les recrues. L'infortuné conscrit se présente et est incorporé. La musique militaire joue, le colonel à cheval passe à la tête de sa troupe ; le drapeau espagnol, rouge et jaune, est déployé. Oh! comme il est bien l'emblème de ce pays! Rouge sur jaune, jaune sur rouge, la terre ferrugineuse qui se fond si bien avec le grès jauni, ambré des montagnes. O couleurs admirablement trouvées, comme vous êtes bien l'incarnation de ces beaux visages dorés, aux lèvres rouges, et de ces corps brûlés, bronzés et si souvent sanglants!... Mais voilà qu'arrive un courrier. Le colonel, sur son grand cheval blanc, au milieu de la scène, lit le message. Le fils est libéré par suite des services rendus au pays par le père, mort pour la patrie. Une décoration posthume accompagne le message. Le colonel prononce des paroles émues et donne l'accolade à la mère et au fils. Voilà bien des actions simples. Mais il faut voir avec quel entrain les acteurs jouent leur rôle. Ils y mettent tant de feu, de sincérité, de vérité, d'énergie qu'on dirait vraiment que le petit drame se passe sous nos yeux. Quelle différence avec l'air emprunté, si souvent ennuyé, des premiers artistes de nos théâtres!

A côté de ces actions vécues de la vie espagnole, il y a toujours le côté bouffon; dans toutes les pièces que j'ai vu jouer, il reparaît. Le rôle est presque toujours rempli par un domestique, un valet ou un paysan. Ils sont vibrants de colère, d'indignation, ou bien ils sont burlesques, trouvent plaisir aux farces les plus comiques, composent de nombreux *piropos* (galanteries) pour les grandes dames qui se moquent d'eux.

Les spectateurs sont plus passionnés encore que les acteurs. Ils applaudissent le drapeau, ils fredonnent la musique qui défile, ils crient « hourra! » quand le colonel remet la décoration à la vieille mère.

Des conversations, voire des discussions, s'engagent entre les spectateurs d'en haut et ceux d'en bas. Et tout le monde fume, et tout l'orchestre fume. Les garçons qui vendent des verres d'eau fument aussi. Le chef d'orchestre, face au public, assis bien haut, dominant la salle, pendant qu'il est au repos, grille une infinité de cigarettes en lisant son journal et en riant aux éclats avec les deux bombardons assis en face de lui sur la même petite estrade, élevée.

L'entr'acte dure depuis une demi-heure. La foule s'impatiente et siffle. Le rideau enfin se lève et apparaît une fort jolie femme, la *Gallita Blanca :* « la dame blanche. »

On nomme ainsi à Madrid les directrices d'agences matrimoniales.

On nous fait assister à un dîner fin de viveurs

et de demi-mondaines, puis à un bal masqué. L'action, s'il y en a une, ne se devine pas. C'est un olla-podrida de joyeusetés et de gaudrioles. Les actrices sont jolies, portent le ravissant costume sévillan avec le manteau de Manille. Elles dansent avec beaucoup de talent et de distinction. L'admirable claquement clair et vibrant des castagnettes domine la musique un peu douce, un peu grave de l'orchestre.

Ces charmantes filles d'Andalousie y mettent toute l'exubérance de leur nature. L'éclair de leurs beaux yeux est fait de tendresse et de volupté, leurs belles dents perlent entre des lèvres rouges bien dessinées, les mains sont petites et jolies à ravir, le pied seul paraît gros, fortement attaché, mais l'ensemble est harmonieux et rappelle la beauté forte des Romaines.

Il est une heure du matin; la *Gattita Blanca* chante maintenant seule et mime des attitudes effrontées. Elle dit des choses grivoises que je ne comprends pas, mais que je devine. Et la salle d'applaudir frénétiquement. L'orchestre aussi applaudit. Après chaque couplet, ce sont des rappels incessants. Il n'y a pas à dire, il faut continuer à chanter jusqu'au moment où la foule sera rassasiée. En fin de compte, voilà aussi le souffleur

SÉVILLE. — LA CATHÉDRALE ET LA GIRALDA.

qui s'en mêle. Il sort sa tête camuse de dessous les planches et égrène chaque phrase à haute voix. La *Gattita* la chante avec des gestes provocateurs et des œillades enflammées. A deux heures du matin elle demande grâce, mais personne n'a pitié d'elle. Moi, j'en ai assez et je provoque une petite manifestation d'antipathie en quittant la salle.

En passant devant le *Novedadès*, de pauvres coqs, ceux qui n'ont pas été entièrement tués, chantent déjà d'une voix éraillée.

Séville, le 26 mars 1906.

Et le troisième jour, quand je me lève, il pleut toujours. Je devais passer une semaine à Séville, mais je ne puis y rester plus longtemps. Je suis triste, désillusionné et je m'en vais. Je préfère garder en mon cœur une petite lueur d'espoir. J'ai vu la ville en plein carême, par un temps détestable; j'emporte d'elle un douloureux souvenir, mais je pense que je n'ai point vu Séville. Je ne la connais pas. Il faut, pour en apprécier le charme, se mêler à sa vie intime. Il faut la voir en temps de fête, bientôt, en semaine sainte, pendant la *feria*, alors que les jeunes filles des meilleures familles dansent sur des tréteaux devant le peuple la siguedille et la sévillane, alors que tout le monde descend dans la rue.

Burgos, le 27 mars 1906.

De Séville à Madrid, la route est longue. Il faut encore passer la nuit en chemin de fer. On s'éveille à Aranjuez.

La campagne ondulée, complantée de vignes, coupée de bois d'oliviers, est parsemée de troupeaux de chèvres. Sur des collines, seules au milieu de la plaine, de vieilles églises avec leurs cloches en dehors, et de vieux châteaux en ruines. Pas de routes à l'horizon.

A Madrid, il fait froid, très froid. Je cherche vainement un peu de feu. Après quelques heures de repos je reprends le chemin du retour, par Valladolid et Burgos. Je ne vois rien de la première ville, que je traverse en pleine nuit. Le chemin de fer grimpe dans la montagne aux pre-

mières lueurs du jour, on se croirait dans les
Vosges en hiver. Tout est blanc. La gelée a étendu
son manteau d'hermine sur toute la terre, pendant
notre sommeil. Paysage d'hiver, monotone. Les
arbres deviennent plus nombreux. De longs peu-
pliers ressemblent à de grands fantômes qui courent l'un derrière l'autre, devant notre wagon. Des
prairies ouatées montent du chemin de fer vers
les premiers contreforts des rochers de calcaire
gris.

Nous arrivons à Burgos alors que personne
n'est encore levé. Il fait un froid intense. Il a fortement neigé et nous sommes à 900 mètres d'altitude. Je gèle dans un hôtel sans feu. Impossible
de me réchauffer aux *braseros* dans lesquels brûle
du charbon de bois. Rien n'est plus pénible que
de se trouver par une température basse dans un
pays qui n'a rien de prêt pour vous garantir du
froid. Et cependant, ici à Burgos, il arrive souvent
en hiver que le thermomètre marque dix degrés
sous zéro. L'air très pur et très vif provoque un
froid pénétrant qui vous glace jusqu'aux os.

Mais que le soleil vienne à lâcher quelques
rayons sur la terre, et aussitôt la température
devient supportable. Dans nos pays du Nord,
l'humidité est comme un manteau qui s'étend sur

nous, elle absorbe la première chaleur du soleil comme aussi les premiers grands froids du gel.

La cathédrale de Burgos est une pure merveille de l'art gothique. Elle n'a pas les dimensions de celle de Séville ni l'élégance de celle de Tolède; mais l'intérieur, tout en granit blanc sculpté, produit plus d'exquises sensations d'art. Des anges, des christs, des saints, des madones sont taillés dans la pierre même des piliers, en grandeur naturelle, et ils ont la patine de l'albâtre que des siècles ont doré.

Entre autres curiosités, on me montre un grand christ que l'on dit être en vraie peau humaine. Les plaies y sont béantes, les cheveux et les poils de la barbe, noirs et longs, ont conservé leur couleur. Des pèlerins nombreux viennent l'implorer et lui demandent l'adoucissement de leurs maux.

Les environs de Burgos sont tristes et dénudés. Sur un plateau balayé par le vent froid du nord, à 5 kilomètres de la ville, se dresse austère et froide « la Cartuja de Miraflores ». C'est un vieux monastère de chartreux. Des pères habillés de blanc, à la longue barbe hirsute, maçonnent et restaurent leur petite église, remplie de sculptures et de tableaux. Le retable du maître-autel en bois doré est splendide. En face, au milieu du chœur, une vraie merveille à contempler : c'est le tombeau colossal de Don Juan II et Dona Isabelle, tout en albâtre, œuvre de Gil de Siloé. Il faut voir les sculptures infinies, petites, délicates, ajourées, fouillées, fines comme la dentelle ; il faut admirer l'ensemble dont le dessin est un pur chef-d'œuvre. On resterait là une longue journée pour en admirer tous les détails.

En sortant, je n'ai pu m'empêcher de m'attendrir sur le groupe de malheureux qui attendaient la charité, presque toujours nulle, des touristes. J'ai été vraiment ému en voyant tant de misères.

En Andalousie, quand le soleil réchauffait ces pauvres ruines humaines, je passais devant elles, assez indifférent. J'avais cependant déjà fait la remarque, que seuls les Espagnols donnaient l'aumône, et même largement, à ces malheureux. Je n'ai pas vu tomber dans la main de l'un d'eux, pendant tout mon voyage, un shelling, pas même un penny. Et pourtant, tous les escaliers des monuments, dans toutes les villes, étaient couverts de cette misère. Le mendiant espagnol implore dignement, ne vous poursuit pas, ne vous importune pas. Aussi ne lui donne-t-on rien !

Ici, sous un ciel inclément, par un vent vif et cinglant, tous ces malheureux tremblaient et faisaient peine à voir. Leurs chairs meurtries, béantes, sanguinolentes, étaient toutes bleuies par le froid.

J'eus pitié. Je donnai à chacun dix sols. Ils étaient seize exactement.

Des yeux douloureux se sont tournés vers moi, avec un bon regard de reconnaissance. Des chapelets s'égrenèrent, des prières s'élevèrent dans l'air glacé.

En rentrant en ville, je suis allé voir les os du Cid et de sa femme Chimène conservés dans un coffre de bois vitré. Qui sait de qui sont ces os? Personne ne peut le certifier. Que ce soient les ossements du Cid ou ceux d'un pauvre diable, qu'importe? En ai-je vu dans mes voyages, de ces reliques que l'on conserve précieusement et qu'on retrouve, les mêmes, ailleurs.

Mon voyage touche à sa fin. Je suis heureux de partir, car réellement je gèle. Je suis venu en Espagne un mois trop tôt. Il faut venir ici le Ier avril et passer la semaine sainte à Séville, c'est d'absolue nécessité. Mais j'emporte avec moi une profusion de souvenirs artistiques, une vision nette de la nature de ce pays où le coloris est si varié et si intense, une compréhension suffisante de la vie espagnole.

Pour retrouver les légendes et les mœurs des temps passés, il faudrait, ainsi que me l'explique un ingénieur français, s'en aller loin dans la montagne. Il revient d'un voyage de prospection qui a duré quinze jours. Pas de chemin de fer, pas de route. Il faut chevaucher par des sentiers de chèvres, il faut se coucher et se restaurer dans des *posadas* infectes. Les villages n'ont presque aucune communication entre eux, ils sont séparés par dix lieues de granit. Jamais il n'arrive de journaux dans ces lieux perdus. Les maisons sont en ruines. Celles que les armées de Napoléon ont renversées sur leur passage en 1808, sont toujours par terre. On n'a pas eu le courage de les relever. Les églises seules sont passablement entretenues, mais les cimetières qui les entourent sont ignobles. Des crânes, des tibias, des os du bassin gisent là lugubres sur la terre nue. Des orages en entraînent quelques-uns au bas de la vallée. Des croix en bois, vermoulues, barrent les chemins.

Entre les pins, là où il y a un peu de terre, pousse misérablement le blé qui nourrira cette population indolente, sans ressort. Quelques chèvres sont toute leur fortune. L'Espagne ne possède ni herbages, ni prairies, ni troupeaux de vaches laitières. Le beurre, exécrable, vient de Hambourg en

SÉVILLE. — PLACE SAN FERNANDO.

boîtes de fer-blanc. Des richesses minérales incalculables les entourent ; des rochers entiers de cuivre, de plomb, sont là à portée de leurs mains. Ce seront les capitaux étrangers qui vivifieront l'Espagne. Mais à côté de ce sombre tableau, quel ravissement quand on peut assister à quelque événement heureux dans la montagne : baptême, mariage ou fête. Tout le monde est dehors, le cœur en joie. Les castagnettes font vibrer l'écho des montagnes, la guitare pleure sous les doigts des jeunes gens au cœur sensible ; et il faut se repaître les yeux, des beaux types d'hommes et de femmes qui dansent les vieux fandangos du pays, habillés d'oripeaux aux couleurs vives encore, mais comme fanées par le temps.

Saint-Sébastien, 29/3o mars 1906.

La terre d'Espagne qui ne commence réellement qu'après Barcelone, finit ici au seuil du pays basque. Les trois couleurs particulières à ce sol sont le blanc légèrement doré, puis le rouge et le jaune en teintes foncées et vieillottes qui s'harmonisent et se fondent merveilleusement.

Le pays que je vais quitter veut se montrer dans toute sa splendeur, afin que j'en emporte une vivace et durable vision. Au delà de Poncorbo, le Rio a creusé des rochers d'un brun-rouge, de façon fantastique, que nous traversons en quelques minutes. Puis un vaste panorama, infiniment varié de couleurs, s'offre à notre vue.

La plaine est cultivée et verte. Au milieu s'élève une haute colline toute blanche, crayeuse; à gauche, la montagne rose que nous venons de quitter tombe à pic dans des prés verdoyants; à droite, le calcaire gris-noir des Pyrénées commence à se montrer, il est recouvert de terre rouge qui elle-même se cache sous un manteau de bruyère noire. Mais du haut des collines tombent des sentiers couleur d'acajou. Les versants noirs sont rayés de rubans rouge-brun. Au loin, en face, fermant l'horizon, une rangée de petits monticules bleus se fondent dans un ciel de même teinte. Le soleil irrise et dore toutes ces couleurs qui s'emmêlent harmonieusement. On voudrait les contempler toujours, mais la fulgurante terre d'Espagne vient de s'évanouir!

Après avoir traversé une partie des montagnes, aux blocs noirâtres couverts de taillis et de chênes, avec des gorges profondes que l'on franchit par une série de tunnels, le pays basque apparaît ainsi qu'une petite Suisse. Les collines sont couvertes de prairies verdoyantes; des chalets blancs sont accrochés partout sur les coteaux et à côté, des troupeaux de vaches brunes paissent tranquillement. Il y a du mouvement et de la vie partout. Les moindres recoins du sol sont cultivés. Les arbres fruitiers poussent nombreux dans les vergers. Le labeur et le travail sont partout.

Un monsieur d'origine catalane monte dans mon compartiment à Tolosa. C'est un vrai méridional. Il est exubérant. J'ai beaucoup de plaisir à l'entendre me raconter que les Basques et les Catalans sont frères par les idées et par l'activité. Ce sont les seuls peuples de la péninsule capables de rénover le pays. Mais le pourront-ils jamais ? « Le gouvernement de Madrid et le peuple espagnol sont composés de méchantes gens, me dit-il dans son jargon mi-français, et nous sommes l'infime minorité. Figurez-vous que voilà cent ans que les Andalous souffrent chaque année de la famine. Il suffirait de creuser des canaux d'irrigation pour rendre à ce sol fertile sa splendeur d'autrefois. Mais non, ils se chauffent au soleil, rient et chantent et, quand ils ont faim, ils vont crier famine dans les villes. Et de Madrid, on leur envoie un peu d'argent, du nôtre. Que voulez-vous faire avec des gens pareils ; comprenez-vous maintenant pourquoi la Catalogne se remue ? Elle en a assez d'envoyer tout l'argent qu'elle gagne pour nourrir ces fainéants et ces parasites du gouvernement. Nous avons voulu avoir des députés, fils du peuple, et non plus tous ces hauts seigneurs qui vivent à Madrid.

» Et comme la monarchie ne fait rien pour

changer cet état de choses, nous nous déclarons républicains afin de leur indiquer la ligne de démarcation entre nos deux ou trois millions d'hommes instruits et travailleurs et les douze ou treize millions d'Espagnols oisifs. Et puis, rappelez-vous que les Basques et les Catalans sont carlistes dans l'âme et que nous avons lutté longtemps contre ces Espagnols. Depuis ces guerres néfastes, on nous a retiré nos privilèges et nos *fueros*. Ces chartes dataient du commencement du monde. Le peuple basque est le plus vigoureux et le plus libre de tous les peuples. Il forme la plus ancienne race de l'Europe. Elle s'est conservée pure et sans mélange jusqu'à nos jours. On ne connaît pas son origine, tant elle est antique. Sa langue ne se rattache à aucun idiome connu. La population est honnête, gaie et joyeuse. Tous les soirs elle danse en rond la *muchigo* aux sons du tambourin. Le type catalan s'est aussi conservé pur à travers les âges, son idiome a beaucoup de ressemblance avec l'ancien grec.

» Ces deux peuples sont restés indépendants, loin de l'influence arabe. De grandes choses se préparent dans nos pays; le peuple est surexcité, tout le monde parle politique. On s'arme, sans trop savoir pourquoi. Comme mesure de précaution peut-être. Une révolte carliste, dont le gouvernement parle toujours, n'est plus possible depuis la construction des chemins de fer.

» Mais bientôt les Catalans et les Basques iront manifester à Barcelone, puis à Madrid s'il le faut. Et si on ne nous donne pas satisfaction, on verra ! »

C'est comme un dernier écho de l'Espagne qui s'efface à l'horizon. Nous voici à Saint-Sébastien, presque en terre française. On est heureux, après cinq semaines de voyage, de retrouver tout le confort des bons hôtels et des plages mondaines.

Je me repose quelques jours au bon soleil revenu. La baie toute ronde, barrée à l'entrée de gros rochers gris, est belle et reposante. Une jolie petite plage de sable blanc est couverte de baigneurs et d'enfants joyeux. Autour, une belle promenade bordée de grands hôtels, du casino, et l'ancien port des pêcheurs que dominent les forts de la frontière. Puis de l'autre côté le château de Miramar, dont on n'aperçoit que les grands arbres du parc.

J'ai assisté à une partie de pelote au Fronton de Fai-Alai. Figurez-vous une immense salle rectangulaire. D'un côté, un mur haut de 10 mètres et long de 100 mètres peut-être ; en face, des gradins pour les spectateurs ; aux deux extrémités, de hauts murs nus ; au-dessus de tout cela, un toit vitré. La pelote est une grosse balle qu'on lance contre un des murs des extrémités et que le camp adverse cherche à rattraper et à relancer contre le même mur avec une extrême vigueur au moyen d'une planchette en bois ou d'une sorte de gouttière d'osier qu'on attache à la main avec un gant de cuir. La balle violemment lancée file le long du mur très long et arrive parfois à l'autre bout. Trois joueurs dans chaque camp se partagent toute la longueur du jeu pour être prêts à renvoyer la pelote toujours au même mur.

Tous les jours, des parties s'engagent. Les amateurs sont nombreux. Des bookmakers, coiffés du béret rouge basque, font un tapage infernal et c'est encore pis qu'au *betting* des tirs aux pigeons ou que sur la pelouse. Le Fronton a coûté plus de 3oo,ooo pesetas, et il y en a de semblables dans bien des villes.

Et je songe que dans nos pays industriels si riches, on ne sait pas réunir quelques milliers de francs pour établir un cercle de sports. On ne sait pas prendre une heure ou deux par jour pour se faire des muscles.

Et puis, il suffirait que quelqu'un prît l'initiative de l'affaire, pour qu'il rencontre aussitôt l'apathie, l'indifférence, ou l'opposition systématique de nos bourgeois aux petites idées.

Irun, Hendaye !

J'envoie un dernier adieu à cette énigmatique terre d'Espagne, couverte de si beaux monuments. Elle ne brille plus comme une lame de Tolède, dans son beau ciel d'azur. Elle ne chante plus, ainsi que les notes gaies des cloches de la Giralda. Elle m'apparaît comme un de ces vieux missels aux riches enluminures enfermé depuis cinq siècles dans un bel écrin fait de vieux cuir de Cordoue, tanné, roussi par l'âge, sans nerf et sans âme.